QUESTIONS
D'HISTOIRE
DU MOYEN AGE ET MODERNE

POUR L'EXAMEN

DU BACCALAURÉAT ÈS LETTRES

DÉVELOPPÉES

PAR

CH. BARBERET

PROFESSEUR D'HISTOIRE AU LYCÉE LOUIS-LE-GRAND

NOUVELLE ÉDITION

conforme au programme du 26 novembre 1849

PARIS
LIBRAIRIE DE L. HACHETTE ET Cie
RUE PIERRE-SARRAZIN, N° 14
(Quartier de l'École de Médecine)

NOUVEAU MANUEL

DU

BACCALAURÉAT ÈS LETTRES

HISTOIRE
DU MOYEN AGE ET MODERNE

Le *Nouveau Manuel du Baccalauréat ès lettres* se compose des six parties suivantes qui se vendent réunies ou séparées :

1° *Notices historiques et littéraires* sur les auteurs et les ouvrages grecs, latins et français, indiqués pour l'épreuve de l'explication, avec un résumé des règlements universitaires relatifs au baccalauréat ès lettres, et des conseils pour faire une version, par M. LESIEUR, ancien professeur de rhétorique ;

2° *Questions littéraires* développées par M. LESIEUR ;

3° *Questions de philosophie* développées par M. JOURDAIN, professeur de philosophie au collége Stanislas ;

4° *Questions d'histoire* développées par MM. DURUY et BARBERET, professeurs d'histoire ;

ON VEND SÉPARÉMENT :

Questions d'histoire ancienne et d'histoire romaine, par M. DURUY ;

Questions d'histoire du moyen âge et d'histoire moderne, par M. BARBERET.

5° *Questions de géographie* développées par M. CORTAMBERT, professeur de géographie ;

6° *Questions de mathématiques, de cosmographie, de physique et de chimie* développées par M. SAIGEY, auteur de plusieurs ouvrages scientifiques.

A la même Librairie :

Mémento du baccalauréat ès lettres, ou *Réponses claires et précises à toutes les questions du programme officiel*, destinées à aider la mémoire pendant la préparation et au moment de l'examen, et extraites du *Nouveau Manuel* ; par MM. LESIEUR, JOURDAIN, DURUY, BARBERET, CORTAMBERT et SAIGEY. *Nouvelle édition conforme au programme du 26 novembre 1849.* 1 vol. in-18. Prix, broché...... 2 fr.

Recueil de versions latines dictées à la Sorbonne pour les examens du baccalauréat ès lettres, mises en ordre avec chaque date précise ; par M. DELESTRÉE, ancien chef d'institution à Paris. 2 volumes in-12, textes et traductions. Prix, brochés...................... 2 fr.

Chaque volume se vend séparément.

Programmes officiels du baccalauréat, de la licence et du doctorat ès lettres, avec un extrait des règlements universitaires relatifs à ces examens. *Nouvelle édition conforme au règlement du 26 novembre 1849.* 1 volume in-12. Prix, broché............. 30 c.

DE L'IMPRIMERIE DE CRAPELET, RUE DE VAUGIRARD, 9.

QUESTIONS
D'HISTOIRE
DU MOYEN AGE ET MODERNE

POUR L'EXAMEN

DU BACCALAURÉAT ÈS LETTRES

DÉVELOPPÉES

PAR

CH. BARBERET

PROFESSEUR D'HISTOIRE AU LYCÉE LOUIS-LE-GRAND

NOUVELLE ÉDITION

conforme au programme du 26 novembre 1849

———————

PARIS
LIBRAIRIE DE L. HACHETTE ET Cie
RUE PIERRE-SARRAZIN, N° 14
(Quartier de l'École de Médecine)

—

1849

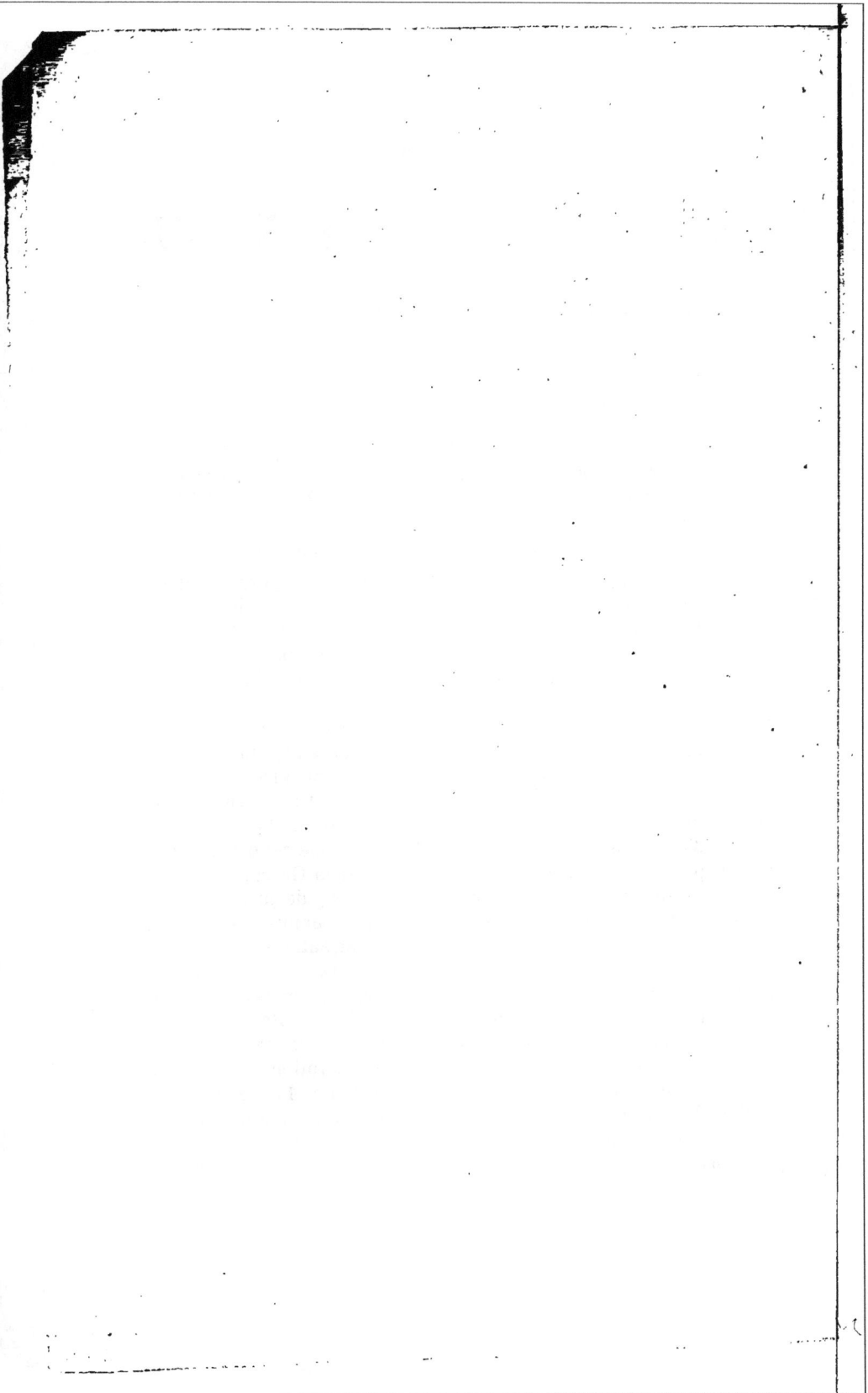

QUESTIONS

D'HISTOIRE DU MOYEN AGE

ET D'HISTOIRE MODERNE.

HISTOIRE DU MOYEN AGE.

I. INVASION DES BARBARES.

1. ÉTAT DE L'EMPIRE ROMAIN ET DU MONDE BARBARE AU IVe SIÈCLE. — 2. INVASION DES BARBARES DANS LES DEUX EMPIRES. — DESTRUCTION DE L'EMPIRE D'OCCIDENT.

1. État de l'empire romain et du monde barbare au IVe siècle.

Longtemps avant Théodose, qui lui rendit un moment sa grandeur, l'empire romain offrait tous les symptômes d'une ruine imminente. Le despotisme des empereurs, l'avilissement du sénat et du peuple, l'insubordination et l'indiscipline des armées, les usurpations fréquentes, le défaut absolu de patriotisme, l'incorporation des étrangers ou Barbares dans la milice romaine, et, par-dessus tout, la corruption des mœurs, devaient amener tôt ou tard la dissolution de la vieille société romaine. D'un autre côté, l'immense étendue des frontières de l'empire ne pouvait plus être protégée contre les nombreuses populations qui, depuis longtemps, faisaient effort pour franchir ces faibles barrières, surtout depuis que les Huns, par leur brusque apparition en 374, eurent causé dans le nord de l'Europe cette commotion qui précipita sur l'empire les tribus barbares de la Germanie.

Les pays situés au delà du Rhin, du Danube, de la mer Noire, du Caucase et de la mer Caspienne, étaient peu connus des anciens, et désignés par les noms de Germanie, de Sarmatie et de Scythie.

La Germanie, comprise entre le Rhin, le Danube, la Theiss, la Vistule, la mer du Nord et la Baltique, avait pour peuples principaux : les *Francs,* association des tribus établies entre le Rhin, le Mein, le Weser et l'Elbe, pour maintenir leur indépendance contre les Romains. Les *Alemans,* autre confédération entre le Danube, le Rhin, le Necker, le Mein et la Lahn. Les Suèves ou Souabes à l'est, qui, après avoir formé longtemps une nation distincte, se confondirent avec les Alemans. Les *Saxons* et les *Angles,* dans le Holstein et le Sleswic actuels. Les *Burgondes* ou *Bourqui-*

gnons, près des sources du Mein. Les *Lombards* ou *Longobards,* sur l'Elbe. Les *Vandales,* originaires des bords de la Baltique, entre l'Elbe et la Vistule. Les *Rugiens,* vers l'embouchure de l'Oder. Les *Marcomans,* venus des sources du Danube, dans la Bohême, d'où ils avaient chassé les *Boïariens* ou *Bavarois,* qui, reçus dans la Rhétie IIe, lui firent prendre le nom de Boïarie ou Bavière.

La Sarmatie, appelée plus tard Slavie ou Slavonie, était comprise entre le Rha ou Volga, le Pont-Euxin, la chaîne du Caucase, la Vistule et l'Océan septentrional. Ses principaux peuples étaient : les Goths, Germains d'origine, et qui, chassés des bords de la Baltique, fondèrent un empire qui embrassa la plus grande partie de la Sarmatie, et se divisèrent en trois tribus distinctes : les *Ostrogoths* ou Goths orientaux, les *Wisigoths* ou Goths occidentaux, et les *Gépides* ou traînards. Les *Venèdes* on *Vendes,* et les *Borusces,* ancêtres des Prussiens, sur les bords du golfe qui reçoit la Vistule. Les *Hérules,* près du Palus-Méotide. Les *Roxolans,* regardés comme les ancêtres des Russes, entre le Borysthène et le Don. Les *Alains,* d'origine scythique, et établis entre la mer Caspienne et le Palus-Méotide.

La Scythie, ou l'Asie septentrionale, à partir du Volga, d'où sortirent les Huns, qui donnèrent le premier mouvement à la grande révolution du ve siècle, et d'où devaient sortir plus tard les *Bulgares,* les *Avares,* les *Hongrois* ou *Madgyares,* etc.

2. Invasion des Barbares dans les deux empires.— Destruction de l'empire d'Occident.

Lorsqu'à la mort de Théodose (395) l'empire eut été partagé, le ministre d'Honorius, le Vandale Stilicon voulut gouverner et défendre ces deux vastes parties d'un même corps ; mais il trouva une vive opposition dans le Gaulois Ruffin, l'eunuque Eutrope, le Goth Gaïnas et l'impératrice Eudoxie, qui gouvernèrent au nom du faible empereur d'Orient. Les deux empires se séparèrent davantage chaque jour, et présentèrent aux Barbares une proie de plus en plus facile.

Les Wisigoths commencèrent. Ces Barbares, à la solde de l'empire, se mirent en pleine révolte, à l'instigation de Ruffin (395), et dévastèrent tout le pays entre le Pont-Euxin et l'Adriatique. Deux fois leur chef, Alaric, se vit au moment d'être écrasé par Stilicon, accouru au secours des provinces dévastées, et deux fois il fut sauvé par la trahison des favoris d'Arcadius, qui traita avec le Barbare, et lui accorda la dignité de maître de la milice dans la préfecture d'Illyrie (404), dans l'espoir, sans doute, de le rejeter sur l'autre empire. En effet, les Barbares franchirent bientôt les Alpes (402), et essayèrent de se frayer un chemin jusqu'à Rome, vers laquelle les poussait invinciblement la soif du butin et du pillage. Ils furent arrêtés par Stilicon, qui était à lui seul un boulevard pour l'Occident. Alaric et ses Goths furent battus près de Pollentia et de Vérone, et rejetés au delà des Alpes (403). Les tribus confédérées de Suèves, d'Alains, de Vandales, dont une partie avait franchi les Alpes sous la conduite de Radagaise, furent écrasées près de Florence (406). Mais, lorsque, pour se prémunir contre les dangers d'une conspiration, inventée peut-être par de lâches courtisans, Honorius eut fait mourir Stilicon, l'Occident fut livré sans défense aux Barbares.

La plus grande partie des Suèves, Vandales, Alains, qui s'étaient mis en mouvement à la suite de Radagaise, revenus sur leurs pas à la nouvelle de son désastre, franchirent le Rhin (407), et dévastèrent pendant deux ans la Gaule, qui fut délivrée enfin par un usurpateur du nom de Constantin, que les légions de Bretagne avaient proclamé. Les Barbares, laissant entre le Jura et la Saône les Bourguignons qu'ils avaient entraînés avec eux, allèrent piller l'Espagne, et s'y établirent (409). En même temps Alaric, saisissant avec empressement le prétexte du massacre des Barbares auxiliaires, qui avait suivi la mort de Stilicon (408), traversa sans obstacle l'Italie avec toute son armée, et vint mettre le siége devant Rome. La ville épouvantée se soumit d'abord à payer une riche rançon, ensuite à recevoir pour empereur le préfet Attale, et vit enfin pour la troisième fois sous ses murs Alaric, furieux des tergiversations et de la perfidie d'Honorius. Les portes de l'antique maîtresse du monde furent ouvertes par les esclaves révoltés, et le Barbare, après avoir recommandé d'épargner ceux qui se réfugieraient dans les églises, l'abandonna à l'avidité et à la fureur de ses soldats (410). Alaric alla échouer ensuite au siége de Rhegium, tenta inutilement de passer en Sicile, et mourut à Cosenza (421). Son beau-frère, Ataulf, élu roi à sa place, amena les Wisigoths dans la Gaule, épousa à Narbonne Placidie, sœur d'Honorius, et, mettant ses armes au service de l'empire, battit deux usurpateurs, Jovin et Sébastien. Il passa ensuite en Espagne (413), où il périt bientôt assassiné. Son successeur, Wallia, continua la guerre contre les Vandales, les Alains et les Suèves, maîtres de l'Espagne, fit rentrer une partie de la Péninsule sous la domination romaine, et obtint en récompense la seconde Aquitaine et la ville de Toulouse, qui fut pendant près d'un siècle la capitale du royaume (419). La possession de la Séquanaise avait été garantie à Gondicaire, roi des Bourguignons (443); et les Suèves avaient fondé un royaume dans la Galice (419).

Un quatrième royaume barbare, celui des Vandales, s'établit dans l'empire, sous le règne de Valentinien III, qui, en 424, avait succédé à Honorius, sous la tutelle de sa mère Placidie. Le patrice Boniface, qui commandait en Afrique, trompé par les artifices de son rival Aétius et se croyant trahi et sacrifié, appela les Vandales d'Espagne (429). Son repentir tardif, aidé des secours des deux empires, fit des efforts impuissants pour la défense de la province envahie. Genséric, roi des Vandales, à qui le faible Valentinien assura, par le traité d'Hippone (435), la possession libre de ses conquêtes, s'empara de Carthage (439), et en fit la capitale de son royaume. Maître de toute l'Afrique romaine et des îles de la Méditerranée, allié d'abord des Wisigoths et ensuite des Huns, il brava les forces des deux empires, et les épuisa par des attaques continuelles.

En même temps les Huns, qui avaient fondé un puissant empire sur la rive gauche du Danube, pillaient et dévastaient les provinces de l'Orient, sous Rugula, sous Attila et Bléda, et forçaient le faible Théodose II à leur acheter la paix par d'humiliantes rançons (425-444). Attila, resté, par l'assassinat de son frère Bléda, seul maître des Huns, des Gépides, des Ostrogoths, des Suèves, des Alains, des Marcomans et d'une foule d'autres peuples moins célèbres à cette époque, se fit appeler *la Terreur de l'univers* et *le Fléau de Dieu*. Il continua d'épouvanter l'Orient de ses incursions, et de lui faire acheter la paix (447). Détourné de l'Orient en 451 par la contenance fière du successeur de Théodose II, Marcien, qui lui avait répondu : *J'ai de l'or pour mes amis et du fer pour mes ennemis,* il se rejeta sur l'Occident. Il entra dans la Gaule, qu'il dévasta en se proclamant l'allié des Vandales ; mais, forcé par le patrice Aétius de lever le siége d'Orléans, il fut battu, près de Chalons-sur-Saône, par ce général, à qui s'étaient réunis Théodoric, roi des Wisigoths, et Mérovée, chef des Francs. Le roi des Huns essaya de venger cette défaite sur l'Italie (452). Après avoir rasé Aquilée et dévasté la Cisalpine, il se retire, désarmé moins par les riches présents de la cour impériale que par la terreur religieuse dont le frappent les paroles de saint Léon le Grand, chef de l'ambassade qui lui a été envoyée. Il mourut l'année suivante (453), et son empire périt avec lui.

Mais son allié, Genséric, allait exécuter les terribles menaces dont il avait effrayé Rome. Le Vandale, appelé par l'impératrice Eudoxie, qui avait été forcée de s'unir au sénateur Maxime, meurtrier et successeur de son époux Valentinien III, saccagea Rome, enrichit Carthage de ses dépouilles, et emmena soixante mille captifs, parmi lesquels l'impératrice et ses deux filles (455). Pendant plus de vingt ans encore, Genséric fit trembler les deux empires. En vain l'empereur d'Occident, Majorien (457-461), prince digne d'un meilleur temps, essaya de détruire cette puissance redoutable, et remplit le port de Carthagène des vaisseaux qui devaient aller reconquérir l'Afrique ; il fut trahi par ses

propres officiers, et mis à mort par le Suève Ricimer, qui disposa successivement de la pourpre impériale en faveur de trois sénateurs : Sévère III, Anthémius et Olybrius, auxquels succédèrent Glycérius et
Julius Népos. Ce dernier fut détrôné par le patrice Oreste, maître de
la milice en Italie, qui revêtit de la pourpre son propre fils Romulus
Augustule (476). Mais les Barbares engagés au service de l'empire
sous le nom de *fédérés*, n'ayant pu obtenir de lui le tiers des terres de
l'Italie, se révoltèrent sous la conduite de l'Hérule Odoacre. Celui-ci
fit périr Oreste, relégua son fils dans la Campanie, mit fin à l'empire
d'Occident, et régna en Italie sous les titres de patrice et de roi.

II. GOTHS ET LOMBARDS.

1. ROYAUME DES OSTROGOTHS EN ITALIE : THÉODORIC LE GRAND. — 2. CON-
QUÈTE DE L'ITALIE PAR LES LOMBARDS. — 3. LES WISIGOTHS EN FRANCE
ET EN ESPAGNE.

1. Royaume des Ostrogoths en Italie : Théodoric le Grand.

Les Ostrogoths, rendus à l'indépendance par la dissolution de l'empire des Huns, et reçus dans la Pannonie, franchirent les Alpes (489)
sous la conduite de leur roi Théodoric, à l'instigation de Zénon, empereur d'Orient. Maître de toute l'Italie après les batailles du Sontius et
de Vérone et la capitulation de Ravenne, qui lui résista trois ans,
Théodoric fit périr Odoacre dans un festin et se fit reconnaître comme
roi par l'empereur Anastase. Le nouveau souverain de l'Italie ajouta
bientôt à son royaume la Sicile, l'Illyrie, la Pannonie, le Noricum, la
Rhétie, une partie du littoral de la Méditerranée entre les Alpes et
les Pyrénées, et, réunissant un moment tout l'empire des Goths comme
tuteur de son petit-fils Amalaric, roi des Wisigoths, donna des lois,
à différents titres, depuis la Sicile jusqu'au Danube, et de Sirmium
jusqu'à l'océan Atlantique. Ce prince, qui voulait relever l'organisation tout entière de la société romaine et être le législateur et le res-
taurateur de l'Italie, avait choisi l'historien latin Cassiodore pour être
son organe et son aide dans l'accomplissement de ses projets. Les règlements fameux que ce ministre publia au nom de Théodoric, les
lettres qu'il écrivit pour ce prince, attestent l'étendue de ses vues, la
sagesse de son administration, et, à quelques déclamations près, la
beauté de son génie. L'amour du prince goth pour les lettres, les
sciences et les arts, sa justice et sa tolérance, l'avaient fait parvenir à
un haut degré de gloire; mais la fin de sa vie fut souillée par des
crimes. Défenseur de l'arianisme, que poursuivait l'empereur Jus-

tin Ier, il persécuta le pape Jean Ier, et fit périr Symmaque et Boëce, faussement accusés de conspiration. Les remords troublèrent sa raison au point qu'il crut voir la tête de Symmaque au milieu d'un festin, et hâtèrent la fin de ses jours (526).

Sa fille Amalasonte vit les Goths s'irriter contre les idées et les inclinations romaines qu'elle avait reçues de son père, et fut forcée de confier à leurs soins son fils Athalaric, qui mourut bientôt. Elle le suivit de près, mise à mort par ordre de son cousin Théodat, qui lui devait le trône. Mais Bélisaire et Narsès se chargèrent de la venger, et Théodat, assassiné par les Goths à cause de sa lâcheté, fut remplacé par Vitigès (536). Le nouveau roi échoua au siége de Rome, défendue par Bélisaire, et, assiégé lui-même dans Ravenne, après avoir saccagé Milan, fut contraint de se rendre, et alla subir à Constantinople une honorable captivité (540). Le génie de Totila, élu roi par les Goths (541) après le brusque départ du vainqueur, releva leur fortune, vainquit les Grecs à Faenza et reprit toute l'Italie. Bélisaire, remis à la tête de l'armée, n'obtint que de stériles succès, demanda lui-même son rappel et fut remplacé par l'eunuque Narsès (548). Le nouveau général remporta sur Totila, blessé et mourant, la victoire de Lentagio, qui décida du sort de l'Italie (552). Teias, qui essaya encore de résister, fut vaincu et tué près de Cumes ; deux corps auxiliaires de Francs, arrivés trop tard pour le secourir, furent détruits sur les bords du lac de Garda ou taillés en pièces près de Casilin, et les restes de la nation gothique abandonnèrent l'Italie, qui redevint une province de l'empire (554).

2. Conquête de l'Italie par les Lombards.

Narsès avait obtenu le gouvernement de la nouvelle province qu'il avait ajoutée à l'empire par la destruction de la monarchie des Ostrogoths. Rappelé avec insulte après quinze ans d'une administration tyrannique et cupide, il n'écouta que son ressentiment et invita les Lombards à envahir l'Italie. Ces Barbares, établis dans la Pannonie depuis 527, abandonnèrent aux Avares leur pays et le royaume des Gépides, qu'ils venaient de conquérir (567), s'emparèrent de Milan, et prirent, après un siége de trois ans, Pavie, dont Alboin, leur roi, fit sa capitale (568-572). L'Italie se trouva dès lors inégalement partagée entre les rois lombards et l'empire d'Orient, dont les possessions étaient gouvernées par un exarque résidant à Ravenne. Sous le règne de Cleph, successeur d'Alboin (573-575), les Lombards étendirent leurs conquêtes jusqu'aux portes de Rome. Après sa mort, l'oligarchie des ducs remplaça pour dix ans la royauté (575-585). Les Lombards, effrayés de l'alliance menaçante de l'empereur Maurice et du roi d'Austrasie Childebert II, revinrent à l'unité monarchique, sous l'autorité d'Autharis. Ce prince repoussa trois invasions des Francs, ajouta à son royaume les duchés de Bénévent et de Capoue, s'avança en vainqueur jusqu'à l'extrémité de l'Italie méridionale, et, poussant son cheval dans les flots, il frappa de sa lance la colonne Rhégine en s'écriant : *Ce sera là la limite du royaume lombard.* Agilulf, duc de Turin, fut élevé au trône par la veuve d'Autharis, la vertueuse Théodelinde, à qui les Lombards avaient déféré le choix de leur souverain (591). Il continua avec vigueur la guerre contre l'exarque de Ravenne, conclut une paix durable avec les Francs, et ne fut arrêté dans ses succès que par la prudence et l'activité du pape saint Grégoire le Grand, qui fit plus pour la défense de l'Italie que l'empereur et l'exarque. La pieuse Théodelinde, qui avait fait quitter l'arianisme à son époux et à un grand nombre de ses sujets, fit faire avec un clou de la vraie croix la couronne, dite de fer, qui servit depuis au couronnement des rois d'Italie. Après les règnes sans importance d'Adeloald (615-625) et d'Ariovald (625-636), la couronne fut déférée à Rotharis, duc de Brescia. Le nouveau roi conquit toutes les places que l'empire possédait encore dans le nord de l'Italie, et publia en 643, du consentement des grands de la nation, le premier code lombard, qui remplaça le droit romain dans toutes les provinces du royaume. Après la mort de Rotharis (645), le royaume fut pendant soixante-sept ans déchiré par des discordes intestines, des usurpations et des guerres civiles. Il suffira de citer parmi les rois de cette période désastreuse Grimoald, duc de Bénévent, qui s'empara du trône en 662, fit revoir et publier sous une nouvelle forme les lois de Rotharis. La monarchie reprit quelque lustre sous Luitprand (712-743). Il conquit Ravenne, les villes de la Pentapole, et marchait déjà sur Rome, lorsque le pape Grégoire II, venu à sa rencontre avec tout son clergé, réussit à le désarmer. Après Hildebrand, déposé au bout de sept ans, et Ratchis, qui alla terminer sa vie dans le monastère du mont Cassin, Astolphe s'empara de Ravenne, mit fin à l'exarchat (752), et força Rome à le reconnaître pour son légitime souverain. Mais vaincu par Pépin le Bref, qui passa deux fois les Alpes à la sollicitation du pape Étienne II, Astolphe fut forcé d'abandonner l'exarchat et la Pentapole (755). Didier, duc d'Istrie, fut le dernier roi lombard (756). Depuis que les papes avaient un vengeur assuré au delà des Alpes, ils ne craignaient plus de s'exposer au ressentiment des rois lombards en leur suscitant des ennemis, en excitant ou favorisant la révolte des ducs. Le pape Adrien Ier, menacé par Didier, appela Charlemagne. Le monarque franc vint assiéger Pavie, força Didier à se rendre à discrétion, se fit couronner roi de Lombardie, et ajouta de nouvelles terres à la donation faite par Pépin au saint-siége (774).

3. Les Wisigoths en France et en Espagne.

Théodoric II, successeur de Wallia, agrandit le royaume des Wisigoths, tantôt comme allié de l'empire, tantôt en s'unissant aux autres Barbares pour partager avec eux ses dépouilles. Euric, son frère et son meurtrier, monta sur le trône en 466, et porta à son plus haut point la puissance et la gloire des Wisigoths. Maître de toute la Gaule méridionale, depuis les Pyrénées jusqu'à la Loire, et des Alpes à l'Océan, de l'Espagne, à l'exception de la Galice et d'une portion de la Lusitanie, qui formaient le royaume des Suèves, il fit trembler les Francs et les Saxons, et vit son alliance recherchée avec empressement par les Vandales, maîtres de l'Afrique, et par les Hérules, maîtres de l'Italie. Il laissa le trône à Alaric II, son fils, encore enfant, au moment où un adversaire redoutable, Clovis, s'élevait déjà de l'autre côté de la Loire. La bataille de Vouillé, où périt Alaric II (507), prépara et commença la ruine de la puissance des Wisigoths dans la Gaule. Les guerres étrangères, mêlées aux guerres civiles et aux révolutions intérieures, résultat inséparable d'un trône électif, jetèrent leur monarchie en Espagne dans un tel état de faiblesse et de décadence, qu'il suffit aux Arabes d'une seule victoire pour la renverser. Parmi tous ces princes obscurs qui se succèdent sur le trône, et dont plus de la moitié y montent par le meurtre de leur prédécesseur, il suffira de remarquer Léovigilde, qui chassa les Romains de l'Andalousie, et détruisit le royaume des Suèves (585); Reccarède, son fils, qui, moitié par persuasion, moitié par menaces, fit abjurer l'arianisme à ses sujets, devenus dès ce moment de zélés orthodoxes (600); Sisebut, qui fonda Ébora, équipa le premier une flotte, et le premier aussi commença contre les juifs de sanglantes persécutions; enfin Roderic ou Rodrigue, célèbre pour avoir perdu la fameuse bataille de Xérès, qui eut pour résultat la ruine de la monarchie des Wisigoths et la soumission de l'Espagne par les Arabes.

III. ANGLO-SAXONS.

1. ÉTABLISSEMENT DES ANGLO-SAXONS DANS LA GRANDE-BRETAGNE. — HEPTAR-CHIE. — 2. INVASIONS DANOISES. — ALFRED LE GRAND. — BATAILLE DE HAS-TINGS.

1. Établissement des Anglo-Saxons dans la Grande-Bretagne. — Heptarchie.

Vers l'an 428, l'empire d'Occident, obligé de concentrer toutes ses

forces pour résister aux Barbares, avait retiré ses légions de la Bretagne, et les Bretons, rendus à l'indépendance, s'étaient donné un
roi de leur nation nommé Vortigern. Bientôt, se sentant trop faibles
pour arrêter les courses dévastatrices des Barbares du nord de leur
île, les Pictes et les Scots, ils eurent l'imprudence d'appeler à leur
secours les Angles, Saxons et Jutiens, déjà connus par leurs courses
maritimes. Un corps de ces pirates vint débarquer dans la Bretagne,
sous la conduite de Hengist et Horsa, leurs chefs (448). D'amis et
d'alliés, ils devinrent bientôt ennemis des Bretons, et, renforcés
chaque jour par de nouveaux aventuriers, finirent par établir leur
propre domination dans l'île. Il s'ensuivit une longue guerre entre
les Anglo-Saxons et les naturels du pays : ces derniers furent enfin
repoussés jusque dans le pays de Galles, où ils réussirent à se maintenir contre les nouveaux conquérants. Un grand nombre, passant la
mer, cherchèrent un refuge dans l'Armorique, où ils se maintin-
rent longtemps en corps de nation, et qui a reçu d'eux le nom de
Bretagne.

Les Anglo-Saxons fondèrent successivement sept petits royaumes
dans la Bretagne, savoir : Kent (455), Sussex (491), Wessex (516),
Essex (526), Northumberland (547), Est-Anglie (571), Mercie (584).
Chacun de ces royaumes eut des souverains particuliers; mais tous
étaient liés entre eux par une association politique, connue sous le
nom d'Heptarchie. Un des sept rois était le chef commun de la ligue.
Il y avait une assemblée générale de l'union, appelée *wittena-gemot*
ou assemblée des sages. Chaque royaume se gouvernait, d'ailleurs,
par ses propres lois, et avait ses assemblées particulières qui limi-
taient l'autorité royale. Cet état fédératif subsista, avec diverses mo-
difications amenées par les guerres civiles, jusqu'au commencement
du ixe siècle (827), où le roi de Wessex, Egbert, après avoir incor-
poré à sa monarchie les royaumes dépendants de Kent et d'Essex,
fit encore reconnaître sa supériorité par tous les autres. Cependant ni
lui ni ses premiers successeurs ne prirent d'autre titre que celui de
rois de Wessex. La destruction des États inférieurs était réservée à
un autre ennemi.

2. Invasions danoises. — Alfred le Grand. — Bataille de Hastings.

Vers la fin du viiie siècle (793) les Danois commencèrent à rava-
ger les côtes d'Angleterre. Les descentes de ces pirates, un moment
arrêtées par Egbert (832), devinrent plus formidables au milieu des
guerres civiles qui suivirent la mort d'Etelwolf (857). Bientôt ils eurent assez de confiance dans leurs forces pour y passer l'hiver, et
finirent par y fonder des établissements permanents. Les Saxons,

après une courageuse résistance, cédèrent peu à peu et attendiren, la servitude. Dans ce péril imminent, lorsque Mercie, Northumberland et Est-Anglie étaient déjà écrasés, Alfred le Grand (871-900) eut la gloire de sauver la monarchie anglo-saxonne. Il ne fallait rien moins que l'apparition d'un héros intrépide, entreprenant, juste comme Alfred, pour prévenir l'entière conquête de l'Angleterre. Cependant, il ne put ni soumettre les Danois, ni se rendre maître de tout le royaume. La Tamise, la Lea, l'Ouse et la voie romaine appelée Wat-ling-Street, furent les limites de la domination d'Alfred. Au N. E. étaient répandus les Danois, encore désignés sous le nom, bien expres-sif pour des conquérants, d'*armées* d'Est-Anglie et de Northumber-land. Trois souverains pleins de talent et d'activité, Édouard, qui prit le premier le titre de roi d'Angleterre (900-925), Athelstan (925-941), Edmond Ier (941-946), poursuivirent le cours des victoires d'Alfred, et finirent par donner au royaume d'Angleterre les limites naturelles qu'il a aujourd'hui. Mais les Danois, devenus sujets anglais, continuèrent à suivre leurs lois. Le royaume, sous Edgard (955-959), à qui sa rare fortune et sa conduite sage firent donner le surnom de *Pacifique,* paraît avoir atteint son plus haut point de prospérité. Mais la minorité et la faiblesse d'Ethelred II (978-1014) attirèrent de nou-veau les Danois d'outre-mer. Le faible monarque se soumit à l'impôt honteux du Danegeld (argent des Danois), ordonna, dans l'espoir de s'en affranchir, le massacre des Danois établis dans ses États, et se vit bientôt réduit à aller chercher un asile en Normandie, tandis que Suénon, roi de Danemark, se faisait proclamer roi d'Angleterre, et laissait, l'année suivante, ses deux couronnes à son fils Canut le Grand (1015-1036). L'avénement d'une dynastie danoise ne produisit ni maux, ni changement sensible dans la forme du gouvernement. Mais les Anglais surpassaient encore en nombre leurs conquérants, et ils saisirent avec ardeur la première occasion qui se présenta de retour-ner à leurs anciens rois. Édouard le Confesseur (1041-1066), dernier roi anglo-saxon, se fit aimer de la nation anglaise par la douceur de son caractère; mais sa faveur pour les Normands prépara l'invasion de Guillaume, duc de Normandie, consommée, sous le règne de Harold, par la bataille de Hastings qui décida du sort de l'Angle-terre (1066).

IV. FRANCS.

1. PREMIER ÉTABLISSEMENT DES FRANCS. — CLOVIS. — 2. PÉPIN DE HÉRISTAL ET CHARLES MARTEL.

1. Premier établissement des Francs. — Clovis.

Les Francs s'étaient formés d'une confédération des anciens peuples de Germanie, tels que les Sicambres, les Bructères, les Chamaves, les Saliens, les Cattes, les Ampsivariens, etc., associés pour défendre leur liberté contre les Romains ; ils composaient plusieurs tribus, et avaient à leur tête plusieurs chefs ou rois, qui se distinguaient du reste de la nation par une longue chevelure. Dès l'an 428, ils occupaient une portion des Gaules voisine du Rhin inférieur, dans la province de deuxième Germanie, et Clodion, Hlodio ou Chlodio (célèbre), était leur chef le plus puissant. Ce prince poussa ses conquêtes jusqu'à la Somme ; mais, surpris et battu par le patrice Aétius, il fut forcé de reculer, et de concentrer ses forces sur les rives de la Meuse et du Bas-Rhin. Après lui, un prince de sa famille, Mérovée ou Merowig (éminent guerrier), qui devait donner son nom à la première race de nos rois, fut élevé sur le bouclier (448), et prit une part glorieuse à la bataille de Châlons-sur-Marne, qui délivra la Gaule de l'invasion des Huns. Son fils Childéric ou Hilderik (brave au combat) (458), d'abord chassé par ses sujets, indignés de ses débauches, et rappelé ensuite, fit la guerre aux Wisigoths sur les bords de la Loire, tandis qu'une autre tribu de Francs, celle des Ripuaires, s'établissait à Cologne. Il mourut à Tournay (481), laissant un fils âgé de quinze ans, que les Francs Saliens élevèrent sur le bouclier. C'était Clovis ou Hlodowig (célèbre guerrier). Les progrès du nouveau roi, dont le territoire se bornait au Tournaisis jusqu'au Wahal, allaient être puissamment secondés, dans la partie de la Gaule soumise aux Romains, par les Gaulois, à qui le joug de l'empire était devenu odieux ; dans les autres parties, par les évêques catholiques, qui espéraient instruire et guider les Francs encore païens, mieux que les Bourguignons et les Wisigoths entachés de l'hérésie d'Arius. Ces dispositions favorables furent encore augmentées par son mariage avec Clotilde, fille d'un roi des Bourguignons, qui avait conservé la pureté de sa foi au milieu des hérétiques, et que le peuple aimait pour sa beauté et ses malheurs. Allié de Ragnacaire, roi des Francs de Cambray, Clovis vainquit, à Soissons, le général romain Syagrius, et ruina la domination de l'empire dans la Gaule septentrionale (486). Dix ans plus tard (496), il marcha contre de nouvelles bandes d'Allemands qui envahissaient la Gaule, et les

battit à Tolbiac. Cette victoire, dont il se crut redevable au Dieu de
Clotilde, qu'il avait invoqué au plus fort de l'action, décida son baptême et celui de 3 000 de ses guerriers. Après avoir soumis à un tribut le roi de Bourgogne, Gondebaud, meurtrier du père de Clotilde,
il tourna ses armes contre les provinces du midi, et remporta sur
Alaric II la victoire de Vouglé (507), qui lui assura la soumission de
tout ce que possédaient les Wisigoths entre la Loire et la Garonne.
Par le meurtre et la trahison, il se défit des princes qui gouvernaient
les petits royaumes francs de Térouanne, de Cambray, du Mans, de
Cologne, et posséda tout le territoire compris entre le Rhin, le Rhône,
l'Océan et les Pyrénées.

2. Pépin de Héristal et Charles Martel.

Après la mort de Clovis (511), ses quatre fils divisèrent entre eux
ses États avec une ignorance barbare, et ce partage fut la source de
sanglantes querelles. Thierry résida à Metz, capitale de l'Austrasie ou
France orientale, Clotaire à Soissons, Childebert à Paris, et Clodomir
à Orléans. Thierry conquit la Thuringe (530). Childebert et Clotaire
égorgèrent deux fils de Clodomir, tué à la bataille de Véseronce contre
les Bourguignons, et se partagèrent ses États. Ils firent ensuite la conquête de la Bourgogne (534). Théodebert, fils de Thierry, commença
les expéditions des Francs en Italie et conquit la Provence (539). Clotaire resta seul roi par la mort de ses frères et de ses neveux (558),
et mourut déchiré de remords après avoir fait brûler vif son fils aîné,
Chramne, révolté contre lui (561). L'empire des Francs, qui embrassait alors, outre la Gaule romaine tout entière, l'Allemagne, la Thuringe, la Bavière, le pays des Saxons et des Frisons, fut partagé entre
les quatre fils de Clotaire. Gontran eut la Bourgogne et Orléans ; Chilpéric fut roi de Neustrie, et Sigebert d'Austrasie ; enfin Caribert, qui
laissa bientôt son héritage à ses trois frères (567), eut l'Aquitaine et
Paris. Sigebert, roi d'Austrasie, avait épousé Brunehaut, fille d'un roi
des Wisigoths : le faible Chilpéric avait élevé jusqu'à lui une femme
de basse extraction, la terrible Frédégonde, après avoir, à son instigation, répudié sa première femme Androvère, et étranglé la seconde
Galswinthe, sœur de Brunehaut. Alors éclata entre les deux reines
une rivalité furieuse qui amena une lutte sanglante entre l'Austrasie
et la Neustrie, entre la France barbare et la France romaine. Provoqué par Chilpéric, Sigebert appela à son secours les hordes germaniques d'au delà du Rhin, ravagea la Neustrie, et allait s'emparer de
son frère, enfermé dans Tournay avec sa famille, lorsqu'il fut assassiné
par des émissaires de Frédégonde (575). Brunehaut, d'abord prison-
nière de Frédégonde, et rendue à la liberté par un fils de Chilpéric,

alla régner sous le nom de son jeune fils, Childebert II, et lutter contre les leudes austrasiens jaloux de son autorité. Après la mort de Chilpéric, assassiné à Chelles par un émissaire de Frédégonde (584), la Neustrie, défendue par une femme et un enfant, le seul fils de Chilpéric, proclamé roi sous le nom de Clotaire II, se trouva bien faible contre l'Austrasie, surtout lorsque Childebert II eut réuni à ses États tout l'héritage de Gontran (593). Dirigé par sa mère Brunehaut, Childebert envahit la Neustrie. Les Neustriens marchèrent à sa rencontre, portant devant eux des branches d'arbres pour dissimuler leur petit nombre, et les Austrasiens, frappés d'une terreur panique à l'aspect de cette forêt mouvante, prirent honteusement la fuite. La mort de Childebert (596) suivit de près cette défaite et livra l'empire mérovingien à trois enfants : Théodebert, roi d'Austrasie, avait à peine dix ans; Theuderic ou Thierry II, reconnu roi de Bourgogne, n'avait que huit ans ; Clotaire II, roi de Neustrie, avait atteint sa onzième année. Trois maires du palais, Quintrio, Warnachaire, Landeric, leur furent donnés pour tuteurs par les grands. Frédégonde, victorieuse des Austrasiens à Leucofao (597), mourut l'année suivante. Brunehaut, chassée de l'Austrasie par la colère des grands qu'avait irrités le meurtre de Quintrio, se réfugia en Bourgogne, où elle gouverna sous le nom de son petit-fils. Elle fit lapider Didier, persécuta saint Columban, et finit par armer Thierry contre son frère. Théodebert, vaincu à Toul et à Tolbiac, fut massacré avec sa femme et ses enfants. Brunehaut essaya de garder encore le pouvoir après la mort de Thierry, arrivée l'année suivante (613); mais Warnachaire se mit à la tête de la conspiration des grands de Bourgogne et d'Austrasie, et la livra au fils de sa rivale. Clotaire II fit périr Brunehaut par un affreux supplice, fit égorger les enfants de Thierry, et resta seul maître de la monarchie. Il fut libéral envers le clergé et les grands, et mourut en 628. Son fils aîné, Dagobert, resté seul maître de la monarchie par le meurtre de Chilpéric, fils de Caribert, son frère (631), soumit les Bretons et les Gascons à sa suzeraineté, et fit une guerre malheureuse contre les Venèdes et les Lombards. Il eut le mérite de choisir pour ministres des hommes sages et pieux, dont les plus célèbres furent saint Ouen et saint Éloi. Ses dernières années furent souillées par des actes de cruauté qu'il crut expier par d'immenses largesses au clergé. Il mourut à Saint-Denis (638), et fut enterré dans la célèbre abbaye de ce nom. Les deux fils de Dagobert, Sigebert II et Clovis II, lui avaient succédé, le premier en Austrasie et le second en Neustrie. Grimoald, maire d'Austrasie, eut l'audace de faire disparaître l'héritier que Sigebert laissait en mourant, et plaça son propre fils sur le trône (650); mais il fut tué, et les trois royaumes de Neustrie, d'Austrasie et de Bourgogne furent réunis sous le nom de Clovis II, et sous l'autorité du maire Erchinoald. L'ambitieux Ébroin succéda à Erchinoald (666). Ses violences et sa tyrannie soulevèrent les grands, qui l'enfermèrent dans un monastère avec Thierry III, qu'il avait fait roi de sa propre autorité (670). Tandis que, rétabli dans sa mairie, il se venge de sa disgrâce par des supplices, les grands d'Austrasie abolissent la royauté au profit des ducs Pépin et Martin, petit-fils de saint Arnulfe. Il s'ensuivit une ligue des grands de Neustrie et d'Austrasie, qu'Ébroin ne vainquit à Leucofao (680) que pour tomber sous les coups d'un assassin. Alors le roi de Neustrie qu'il avait fait, Thierry III, essaya en vain, avec son nouveau maire Bretaire, de résister à Pépin; la Neustrie fut battue par l'Austrasie à la bataille de Testry en Vermandois (687), et Pépin fit administrer sa conquête par le maire Norbert, sa créature. Maître absolu dans les deux royaumes, Pépin affermit son pouvoir par la défaite des peuples tributaires, que les divisions des Francs avaient invités à l'indépendance. Malgré les soins qu'il prit pour assurer l'avenir à sa postérité légitime, le destin et le génie de Charles Martel, son fils naturel, l'emportèrent (715). Le nouveau maire continua et assura, par trois victoires, la supériorité de l'Austrasie sur la Neustrie, et gouverna les deux royaumes sous Clotaire IV et Chilpéric II. Son administration ne fut qu'un long triomphe qui acheva de fixer les regards des Francs sur la famille de Pépin. Les Allemands, les Bavarois, les Frisons, furent forcés de reconnaître sa suprématie. En 732 il arrêta, entre Tours et Poitiers, l'invasion des Sarrasins, et consolida sa victoire par la soumission de la Bourgogne et de la Provence. Après sa mort (744), ses fils Carloman et Pépin, maires d'Austrasie et de Neustrie, après avoir dépouillé Griffon, leur frère, nommèrent un fantôme de roi, Childéric III. Bientôt Pépin, resté seul par la retraite de son frère, qui alla s'enfermer au monastère du mont Cassin, se lassa de régner sans couronne sur les marches du trône. Il demanda et obtint du pape Zacharie le titre de roi, et une assemblée de grands et d'évêques, tenue à Soissons (752), déposa Childéric III et l'élut à sa place.

V. L'EMPIRE D'ORIENT ET LES ARABES.

1. JUSTINIEN; BÉLISAIRE. — HÉRACLIUS. — 2. MAHOMET; CONQUÊTE DES ARABES; LEUR ÉTABLISSEMENT EN ESPAGNE.

1. Justinien; Bélisaire; Héraclius.

Au faible Arcadius, qui livra l'État aux courtisans et aux généraux barbares (395), succéda Théodose II (408-450), qui fut gouverné par sa sœur Pulchérie et par des eunuques, et n'eut d'autre gloire que de donner son nom au Code Théodosien, simple recueil d'édits impériaux. Pulchérie lui donna pour successeur, en l'épousant, le guerrier Marcien, dont le courage brava les menaces d'Attila, et releva la majesté de l'empire. Le Thrace Léon Ier, élevé à l'empire par le Goth Aspar, donna un empereur à l'Occident, et prépara avec lui contre les Vandales une expédition sans succès (457-473). Zénon, décoré de la pourpre par la garde isaurienne, succéda au règne éphémère de Léon II, son fils. Replacé sur le trône que lui avait un instant ravi le rebelle Basiliscus, il publia en 481 l'*Édit d'union*, qui n'empêcha pas les querelles religieuses de continuer sous son successeur Anastase, protecteur de l'hérésie (494-518). Les Arabes scénites, les Sarrasins, les Bulgares, ravagèrent plusieurs contrées de l'empire; et les Perses, en paix depuis près d'un siècle avec l'empire, reprirent les armes; mais menacés eux-mêmes par les Huns Nephtalites, ils acceptèrent une trève, qu'Anastase mit à profit pour fortifier Constantinople contre les incursions des Slaves. Justin le Thrace (518-527), en acceptant la soumission des Lazes, peuple tributaire de la Perse, provoqua une rupture dont sa mort ne lui permit pas de voir les suites.

La guerre de Perse recommença avec le règne de Justinien. Mais le héros de l'empire, Bélisaire, dont la renommée et la gloire commencèrent avec cette guerre, livra deux batailles aux Perses, et força Chosroès-Nouschirwan de signer un traité d'amitié perpétuelle (532). Deux victoires du même général rendirent l'Afrique à l'empire, et le dernier roi vandale, Gélimer, fut amené prisonnier à Constantinople (533-534). Après ce grand exploit, Bélisaire commença avec gloire (534) la conquête de l'Italie sur les Ostrogoths, terminée avec plus de bonheur par Narsès (554). En Orient, la guerre, recommencée par Chosroès, roi de Perse, fit encore une fois éclater les talents de Bélisaire, et se termina, après une alternative de succès et de revers, par la paix de 562, qui rétablit les anciennes limites des deux empires. L'infatigable Bélisaire, toujours disgracié après ses triomphes et toujours remis à la tête des armées dans les dangers de l'empire, dont il semblait être le dernier défenseur, fut tiré une dernière fois de sa retraite pour repousser l'invasion des Bulgares. Ces Barbares, réunis aux Slaves du midi, avaient passé le Danube sur la glace, sous la conduite de Zaber-Khan, leur chef, et menaçaient Constantinople. Ils furent battus et rejetés au delà du Danube par Bélisaire, qui avait rassemblé à la hâte les gardes et les citoyens armés. Une complète disgrâce suivit ce dernier exploit, et le héros n'y survécut que de quelques années. Justinien mourut quelques mois après (565). Ce règne, marqué par quelques brillantes conquêtes, le fut aussi par les sanglantes séditions de l'Hippodrome, par les scandales de la cour, par d'affreux tremblements de terre (557), par une peste qui désola l'Europe. La grande, la véritable gloire de Justinien repose sur les travaux de législation entrepris sous son règne. Par son ordre, Tribonien recueillit les divers monuments de la jurisprudence romaine, et fit sortir de cette immense compilation : 1° le *Code* (528), recueil en douze livres de constitutions impériales; 2° les *Institutes* (533), qui réduisirent en principes élémentaires tout le système des lois romaines : 3° les *Pandectes* ou *Digeste* (533), compilation en cinquante livres des Codes Grégorien, Hermogénien, Théodosien, et de deux mille traités de jurisprudence; 4° les *Novelles* ou *Authentiques* (534-565), recueil des lois récentes rendues par Justinien.

Sous Justin II, neveu de Justinien, les Lombards s'emparèrent d'une partie de l'Italie, et les Perses reprirent les armes. Ceux-ci, battus deux fois sous Tibère II, signèrent la paix avec l'empereur Maurice (591). Les Avares, qui avaient déjà menacé Constantinople, reparurent et furent défaits dans cinq batailles par Priscus. Mais l'armée victorieuse se révolta et proclama le centurion Phocas, qui fit massacrer Maurice et ses enfants (602). Phocas souleva bientôt contre lui une haine générale, et fut livré par les siens au jeune Héraclius, fils de l'exarque d'Afrique, qui le fit mourir et fut proclamé à sa place. Chosroès II, qui s'était armé pour venger la mort de Maurice, refuse l'amitié d'Héraclius.

La première période du règne de ce prince (610-622) est marquée par des revers accablants. Chosroès, déjà maître de la Mésopotamie, envahit la Syrie, dont il livre aux flammes les villes les plus importantes, Antioche, Damas, Jérusalem. Il envoie ensuite un de ses satrapes, qui, après avoir parcouru en vainqueur l'Égypte et la Cyrénaïque, dévaste l'Asie Mineure et va s'emparer de Chalcédoine. Enfin les Avares, alliés des Perses, s'avancent sans obstacle jusque sous les murs de Constantinople. Héraclius, réduit à la possession de sa capitale et de quelques provinces maritimes, tira l'empire de ce danger (622-628) par son courage et son énergie. Les Avares sont taillés en pièces devant Constantinople; le roi de Perse, humilié par plusieurs défaites et menacé à son tour dans sa capitale, s'estime heureux de signer la paix. Là se termine la longue querelle des deux empires, qui vont avoir à lutter contre un nouvel ennemi. Héraclius fut moins heureux contre les musulmans. Il sembla craindre de se commettre en personne aux hasards de cette nouvelle guerre, et vit avant de mourir la Syrie et l'Égypte tomber au pouvoir des infidèles. La première fut perdue pour l'empire après la fatale journée de l'Yermouck (636) ; la seconde, après la prise de Memphis et d'Alexandrie (640).

Depuis la mort d'Héraclius (641) jusqu'à l'avénement des Comnènes, nous n'avons à signaler que les querelles religieuses ; le schisme de l'Église grecque, des guerres avec les Russes, avec les Bulgares, contre les musulmans et contre les Turcs seldjoucides. L'hérésie des iconoclastes, soutenue par Léon l'Isaurien (717-741) condamnée par le second concile général de Nicée (787), relevée par Théophile (829), fut proscrite, pendant la minorité de son fils Michel III, par sa veuve Théodora, qui persécuta violemment les sectaires (842). Michel III, en faisant asseoir sur le siége de Constantinople le savant Photius, son capitaine des gardes (861), fit éclater entre les pontifes romains et les patriarches de Constantinople une malheureuse querelle qui eut pour résultat (1054) la séparation complète des deux Églises. Les vaisseaux russes, qui avaient paru pour la première fois devant Constantinople sous le règne de Michel III (865), reparurent sous Léon le Philosophe (904) et sous Constantin Porphyrogénète (941), qui les éloignèrent autant par des promesses et des présents que par le feu grégeois. Une invasion plus menaçante fut repoussée par Jean Zimiscès, qui chassa de la Thrace le grand prince Swiatoslaf, et lui dicta la paix (972). Vainqueurs de Nicéphore (811), les Bulgares embrassèrent le christianisme (865), assiégèrent deux fois Constantinople, sous Siméon, le plus grand de leurs rois (888 et 927), et succombèrent après la mort de Samuel (1019), qui avait soutenu vingt-six campagnes contre l'empire. Tandis que les Sarrasins d'Afrique, maîtres de la Sicile et de la Crète, dévastaient les côtes maritimes, les armées des khalifes de Bagdad envahissaient l'Asie Mineure (824-838). Nicéphore Phocas enleva aux infidèles les îles de Crète et de Chypre, la Cilicie, et s'avança jusqu'au Tigre (963-969), Zimiscès fut arrête par la mort dans la conquête de la Syrie (976). Romain Argyre (1028) fit trembler les khalifes de Bagdad ; mais bientôt de nouveaux musulmans, les Turcs seldjoucides, après avoir détruit la domination des Ghaznévides et pris les khalifes Abbassides sous leur protection, attaquèrent l'empire grec et lui enlevèrent ses possessions orientales. Alexis Comnène, parvenu à l'empire en 1061, voyant l'Asie Mineure conquise par les Seldjoucides, les îles de l'Archipel ravagées, implora le secours des Occidentaux (1094) et provoqua les croisades.

2. Mahomet ; — conquêtes des Arabes ; — leur empire ; leur établissement en Espagne.

L'Arabie était partagée entre deux races distinctes, celle des Joctanides, issus de Joctan, descendant de Sem à la quatrième génération, et celle des Ismaélites, reconnaissant pour père Ismaël, fils d'Abraham. Ces deux races, divisées en un grand nombre de tribus, occupaient, la première, l'Yemen ou Arabie Heureuse; la deuxième, le Hedjas ou Arabie Pétrée, et l'Arabie Déserte jusqu'à l'Euphrate. Leur histoire ne commence que vers le milieu du IIe siècle après J. C., par la rupture des digues de Mareb, qui envoya un grand nombre de colonies dans les diverses parties de la Péninsule. C'est de cette époque que date la domination des Joctanides sur toute l'Arabie, domination à laquelle échappèrent seuls les Ismaélites du désert. Parmi toutes les tribus, celle des Koréischites tenait le premier rang. C'était à eux qu'avait été confié l'honorable emploi de garder la Kaabah, bâtie, suivant la croyance générale, par Abraham, et devenue avec le temps un temple d'idoles. Haschem, qui régnait comme pontife et comme monarque à la Mecque au commencement du VIe siècle, eut pour successeur son fils Abd-el-Motalleb, qui délivra son pays du joug des princes chrétiens d'Abyssinie, et fut l'aïeul de Mahomet.

Mahomet, fils d'Abdallah, naquit à la Mecque, dans l'année 571 de l'ère chrétienne. Après avoir conduit les caravanes armées qui font la guerre et le commerce sur les frontières de la Syrie, il épousa Khadijah, riche veuve de sa tribu. A quarante ans, il se déclara l'ennemi de l'idolâtrie, et annonça sa mission de prophète et de législateur. Sa femme, son esclave Zéïd et son cousin Ali furent ses premiers disciples. Proscrit par les Koréischites, irrités contre un impie novateur, il s'enfuit à Yatreb, appelée depuis Médine, et s'y fit de nombreux prosélytes. Cette année de la fuite ou hégire (622) est la première de l'ère des musulmans. Vainqueur dans la guerre dite *des nations* (626), le prophète imposa à ses ennemis une trêve dont la condition principale était la faculté pour lui et les siens de visiter la Kaabah. A l'expiration de la trêve, une bataille fit tomber la Mecque entre les mains de Mahomet, qui y fut reconnu pour souverain spirituel et temporel. Après la victoire d'Honaïn (630), qui rangea toute l'Arabie sous ses lois, Mahomet se préparait à porter la guerre en Syrie, lorsqu'il mourut à Médine (632). Sa mort arrivait trop tard pour arrêter son ouvrage, car il laissait derrière lui des disciples animés d'un prosélytisme guerrier qui va les conduire des bords du Gange aux cimes des Pyrénées. Le Paradis, leur avait-il dit, est à l'ombre des épées. Combattez donc sans relâche jusqu'à ce que l'empire se convertisse ou paye tribut.

Il n'y a point de Dieu que Dieu, et Mahomet est son prophète, tel est le fondement de la nouvelle doctrine annoncée par Mahomet et que les Arabes appellent *Islam*, c'est-à-dire soumission ou foi en Dieu. La source de l'islam est le Koran (le livre), qui se compose de deux parties : l'une dogmatique, l'autre pratique. Il reconnaît l'origine divine des livres de l'Ancien et du Nouveau Testament, et, tout en annonçant que Moïse et Jésus-Christ étaient des prophètes envoyés par Dieu, il déclare que Mahomet est plus grand qu'eux et qu'il est venu après eux pour consommer la loi. Les dogmes de l'Islam sont fort simples. Croire en Dieu, à ses anges, à ses prophètes, au jugement dernier, à la prédestination : voilà tout le système religieux d'un musulman. Les devoirs de piété qu'il impose aux fidèles sont : les ablutions, les prières, le jeûne pendant le mois de Ramadan, les aumônes et le pèlerinage à la Mecque. Il défend l'usage du vin et de la chair de porc. Un lieu de délices, dans la description duquel rien n'a été omis de ce qui pouvait flatter la sensualité des Orientaux, recevra les fidèles et les braves. Une punition sans fin frappera les lâches et les transgresseurs de la loi de Mahomet.

Quatre kalifes Abou-Bekr (632), Omar (634), Otman (643), et le vertueux Ali (655), furent élevés tour à tour sur la chaire de Mahomet par le suffrage des principaux chefs de l'islamisme. Sous les trois premiers, l'islamisme fit de rapides conquêtes. Khaled entra dans Bostra, battit le lieutenant d'Heraclius à Aiznadin, et, vainqueur sur les bords de l'Yermouk d'une armée qui venait secourir Damas, consomma la soumission de la Syrie par la possession de Jérusalem (632-638). Le chemin de l'Égypte était ouvert : Amrou s'y précipita en téméraire, et la soumit en deux ans (638-640), par la prise de Memphis et d'Alexandrie. Pendant ce temps, les victoires de Kadesiah, de Djalulah et de Nehavend, appelée aussi la *victoire des victoires,* assuraient la soumission de la Perse (636-652). Avec l'élévation d'Ali commencèrent les divisions intestines. Moawiah, gouverneur de Syrie, refusa de le reconnaître, se fit proclamer khalife, et fit éclater ainsi une scission et la guerre civile. La Mort d'Ali, assassiné par un fanatique, assura le triomphe de son rival, qui fonda la dynastie des Ommiades (664), mais ne termina point la scission politique et religieuse qui s'est perpétuée jusqu'à nos jours. Les musulmans sont partagés depuis cet événement en *sunnites,* qui admettent la *sunna* (tradition), et la légitimité des khalifes ommiades; et en chiites (schismatiques), qui ne reconnaissent que le Koran, Ali et les khalifes de sa famille. Les Turcs sont sunnites; les Arabes et les Persans sont chiites.

Lorsque, après la chute d'Ali, le khalifat fut devenu héréditaire dans la famille des Ommiades établis à Damas, Moawiah continua, sur mer, d'assurer le succès des armes arabes, jusqu'à ce que la perte de 30 000 hommes au siége de Constantinople, et des guerres civiles, dont les suites furent cependant heureuses pour sa famille, le forcèrent d'accepter la paix de l'empire (675). Les Ommiades, délivrés de leurs ennemis, continuèrent les conquêtes de l'islamisme (692-708), ils soumirent l'Afrique, et y détruisirent jusqu'aux moindres traces du christianisme. En Orient, la Transoxiane tomba au pouvoir de l'émir Kotaïbah (777), qui pénétra jusqu'au Turkestan; tandis que son lieutenant Kasim soumettait les Indiens. Leurs succès furent moins heureux dans l'Asie Mineure, dont ils ravagèrent inutilement quelques provinces, et le khalife Soliman perdit 120 000 hommes et 1 800 vaisseaux au siége de Constantinople (717). L'esprit de révolte que les Ommiades avaient réussi à comprimer éclata de nouveau sous le khalife Merwan II (746-750). L'iman Mohammed, chef de la famille des Abbassides, issus d'Abbas, oncle de Mahomet, se mit à la tête de l'insurrection. Alors commença la sanglante querelle des Noirs et des Blancs, ou des Abbassides et des Ommiades, qui se termina par la chute de ces derniers.

Aboul-Abbas, surnommé *Saffaf* (le sanguinaire), commença (750) la ligne des Abbassides; et eut pour successeur son frère Al-Manzor, qui fonda Bagdad, la capitale des nouveaux khalifes (762). Le prince le plus illustre de cette dynastie fut Haroun-al-Raschid (786-809), moins célèbre par ses huit expéditions contre les Romains orientaux, que par la magnificence de sa cour, la protection accordée aux lettres et aux sciences, et qui porta l'empire musulman à son plus haut degré de splendeur et de gloire. On sait qu'il fut en relation avec Charlemagne et que les deux princes échangèrent des ambassades et des présents. Parmi ceux du prince arabe on distinguait une horloge, un éléphant et une tente magnifique. La puissance des Abbassides déclina rapidement après lui, et, depuis l'an 822, il s'éleva de toutes parts des dynasties indépendantes, qui ne laissèrent au khalife que la ville de Bagdad avec la suprématie spirituelle.

Presque chaque province de l'empire des Abbassides devint un État indépendant, dont les plus importants sont ceux des Samanides (902), des Dilemites (927), des Bouïdes (933), des Fatimites (969), maîtres de l'Égypte et de la Syrie. Sur les ruines de plusieurs dynasties provinciales, Mahmoud le Gaznévide éleva un puissant empire (997-1028), qui fut bientôt renversé par Togrul-Beg, petit-fils de Seldjouk, et chef des Turcs ou Turcomans (1038). L'empire des Seldjoucides, augmenté, par les conquêtes d'Alp-Arslan et de Malek-Shah, de l'Arménie, de l'Asie Mineure et de la Syrie, se divisa (1092) et forma les cinq sultanies de Roum, d'Alep, de Damas, de Kerman et d'Iran ou de Perse.

L'Espagne, qu'ils apercevaient du rivage de la Mauritanie, tentait l'ambition des Arabes, lorsqu'ils y furent appelés par la trahison du comte Julien et des fils de Witiza, exclus du trône en faveur de Roderic. Musa profita de cette offre, et, avec la permission du khalife Walid, confia ses troupes à Tarik, qui passa le détroit et s'empara d'Algésiras. Roderic, battu à Xérès, disparut. Séville et Cordoue tombèrent entre les mains des infidèles. Musa vint à son tour partager la gloire de Tarik, et conquit toute l'Espagne, à l'exception des Asturies, où les Goths chrétiens, réfugiés, se donnèrent pour roi Pélage (748). Les Arabes, sous les successeurs de Musa, s'étant jetés sur la Gaule, vainquirent d'abord Eudes, duc d'Aquitaine, mais furent battus (732) par Charles Martel; et leurs divisions intérieures, favorisant les armes d'Alphonse, gendre et successeur de Pélage, il leur enleva la Galice, et, plus tard, agrandit même ses États à leurs dépens (744). — Après la révolution qui renversa les Ommiades (750), Abdérame, de la famille déchue, échappa aux émissaires d'Aboul-Abbas, arriva en Espagne, défit l'émir Abbasside Iousef, et établit à Cordoue le siége d'un nouveau khalifat.

VI. EMPIRE CARLOVINGIEN.

1. CHARLEMAGNE. — 2. DÉMEMBREMENT DE SON EMPIRE. — ORIGINE DES ÉTATS MODERNES.

1. Charlemagne.

Pépin, proclamé roi par l'assemblée de Soissons, donna une sanction imposante à son autorité en se faisant sacrer une première fois en 752 par saint Boniface, l'apôtre de l'Allemagne, et une seconde fois par le pape Étienne II. Après avoir réuni la Septimanie à la couronne, il fit, à la prière du pape, deux expéditions heureuses en Italie contre le roi des Lombards, Astolphe, qui se reconnut son vassal, et lui abandonna l'exarchat et la Pentapole, dont le pape fut mis en possession. Le nouveau roi des Francs soutint ensuite de nombreuses guerres contre les Bretons, les Saxons, les Sarrasins et les Aquitains. Les Aquitains surtout et les peuples du Languedoc lui opposèrent une résistance furieuse. Pendant neuf campagnes, Pépin ravagea l'Aquitaine (760-768), qui ne se soumit qu'après la résistance héroïque et la mort de son duc, assassiné par des traîtres. Pépin mourut en 768, après avoir partagé ses États entre ses deux fils, Charlemagne et Carloman. La mort de ce dernier, arrivée bientôt après, arrêta la guerre civile, qui était près d'éclater entre les deux souverains, et Charlemagne usurpant les États de son frère, réunit sous son sceptre toute la monarchie de son père. Déjà il avait soumis l'Aquitaine révoltée; et le pape Adrien Ier implorait son secours contre le roi des Lombards,

Didier, dont Charlemagne avait répudié la fille, et qui avait reçu à sa cour le vieux duc d'Aquitaine Hunald, la veuve et les enfants de Carloman. L'allié du pape ne se fit pas attendre; il conquit toute l'Italie septentrionale et se fit couronner roi des [Lombards. Appelé par son alliance avec l'Église à soumettre au christianisme les nations barbares et idolâtres, Charlemagne prit le prétexte de l'insulte faite par les Saxons au missionnaire saint Libwin, pour commencer contre eux une guerre d'extermination (772-813). Il prit leur forteresse d'Ehresbourg et renversa l'idole d'*Irmensaüle*. Depuis ce moment, les Saxons, souvent vaincus, malgré les efforts de Witikind et d'Abo, qui embrassèrent plus tard le christianisme (785), mais jamais domptés, attirèrent dix-huit fois contre eux les armes et la colère de Charlemagne. Enfin ce prince, aidé d'abord par les Obotrites du Mecklembourg, et ayant plus tard fondé sur le Wéser la ville de Neuf-Héristal, punit avec une sévérité cruelle la dernière révolte des Saxons, et pacifia la Saxe, dont les chefs lui jurèrent obéissance et fidélité à la diète de Salz (803).

Diverses guerres contre les Arabes d'Espagne, qui lui laissèrent prendre Barcelone, contre les Thuringiens, les Avares, dont le pays fut conquis jusqu'à la Theiss, contre les Bretons, les Bavarois, les Slaves au dela de l'Elbe dont plusieurs tribus se reconnurent tributaires des Francs, les Sarrasins en Italie, les Danois et les Grecs, partagèrent, avec la longue résistance de la Saxe, la vie guerrière de Charlemagne. Le caractère général de ces guerres les présente comme amenées par le triple intérêt de territoire, de race et de religion. Charlemagne fit un dernier voyage en Italie pour rétablir sur le trône pontifical le pape Léon III, dépouillé par des rebelles. Le jour de Noël de l'an 800, le pape lui mit sur la tête la couronne impériale, et le roi des Francs put se considérer comme le successeur des empereurs romains d'Occident. Si l'Espagne que Charlemagne ne conquit même pas jusqu'à l'Èbre, si l'Afrique, le sud de l'Italie et la Bretagne manquaient au nouvel empereur de l'Occident, il avait l'Allemagne que les Romains n'avaient pu dompter. Honoré des princes les plus éloignés de son empire, de Nicéphore, empereur d'Orient, et du khalife Haroun-al-Raschid, Charlemagne, après avoir partagé inutilement les contrées de la domination franque entre ses trois fils, dont un seul lui survécut, mourut à Aix-la-Chapelle (28 janvier 814).

Charlemagne ne se montra pas seulement conquérant; il fut aussi législateur et zélé protecteur des lettres. Par les lois qu'il publia sous le nom de *capitulaires*, il réforma plusieurs abus et donna des idées nouvelles d'ordre et de justice. Des commissaires (*missi dominici*) furent chargés de parcourir les provinces, de veiller à l'exécution des lois, d'écouter les plaintes des peuples. Il conçut l'idée de rendre les poids et les mesures uniformes par tout son empire. Il exerça une surveillance sévère sur les mœurs du clergé et ne négligea rien pour le ramener à l'ancienne discipline. Il encouragea les lettres, fonda un grand nombre d'écoles, et appela à sa cour des savants distingués des différents pays de l'Europe. Il en forma une sorte d'académie ou société littéraire, dont il fut lui-même un des membres. Dans un âge déjà avancé, ce prince se fit instruire dans la rhétorique, la dialectique et l'astronomie, par le célèbre Anglais Alcuin. Il tâcha même de perfectionner sa langue maternelle, qui était la tudesque, en travaillant à une grammaire de cette langue, en donnant des noms allemands aux mois et aux vents, et en faisant rassembler les chants militaires des anciens Germains.

2. Démembrement de l'empire de Charlemagne. — Origine des États modernes.

Louis le Débonnaire, déjà roi d'Aquitaine du vivant de son père, succéda à l'empire après la mort de Charlemagne, et porta sur le trône un caractère trop faible avec une conscience trop sévère. Sous l'inspiration des conseils de l'évêque d'Orléans Théodulfe, des châtiments sévères jusqu'à la cruauté réformèrent les mœurs de la cour. Louis s'appliqua avec un grand zèle à la réforme de l'administration civile, militaire, religieuse, et reçut à Paderborn les serments des Saxons et des Frisons, auxquels il avait rendu le droit d'hériter. Il protégea Léon III contre les Romains révoltés, et reçut d'Étienne IV la couronne impériale. D'après un plan de partage tracé par son père lui-même, le nouvel empereur, par le capitulaire d'Aix-la-Chapelle (817), associa son fils aîné Lothaire à l'empire, donna l'Aquitaine à Pépin, la Bavière à Louis, et laissa l'Italie à son neveu Bernard. Celui-ci, se croyant lésé par ce partage, se révolta contre son oncle et fut condamné à perdre la vue, supplice cruel qui causa sa mort. Louis, se reprochant amèrement un acte de rigueur arraché à sa faiblesse, se laissa décider par les évêques à dégrader la majesté du trône par une pénitence publique à Attigny-sur-Aisne (822), et irrita le clergé, les grands, le peuple et ses fils, par sa confiance pour Bernard, comte de Barcelone, son premier ministre, dont l'énergie dégénérait souvent en violence. Le royaume d'Allemagne, créé par la diète de Worms (829) en faveur de Charles, fils de Louis et de sa seconde femme Judith, combla la mesure du mécontentement, et la vie du Débonnaire ne fut plus qu'une lutte contre trois fils ingrats, qui insultèrent, par des révoltes continuelles, à sa bonté paternelle. Pépin et Louis décidèrent à la rébellion les comtes et les soldats de l'empire, et tinrent à Verberie une assemblée dont les décrets contre Louis, Judith et Ber-

nard, furent mis à exécution par Lothaire. Mais la jalousie de Louis
et de Pépin contre leur frère aîné, et l'influence des Francs germains,
amenèrent, dans l'assemblée de Nimègue (830), le rétablissement du
Débonnaire, qui pardonna à ses fils rebelles. Deux ans s'étaient à peine
écoulés que la révolte recommença par l'Aquitaine. Cette contrée, ravagée par l'empereur, fut donnée au fils de Judith, et la déposition
de l'Pépin, éveillant dans ses frères la crainte d'un pareil châtiment,
ils se réunirent avec leurs troupes près de Rothfeld, entre Bâle et Strasbourg, dans une plaine flétrie du nom de *Champ du mensonge*. Louis,
abandonné de ses soldats, fut dégradé de la royauté dans l'assemblée
de Compiègne (833), tandis que Judith était enfermée dans la cita-
delle de Tortone et Charles dans l'abbaye de Pruym. L'ambition et
l'orgueil insupportable de Lothaire ramenèrent Louis et Pépin dans
l'alliance de leur père, à qui la diète de Nimègue rendit une seconde
fois l'exercice de la souveraineté. Il n'en usa guère que pour faire res-
tituer aux églises les biens qu'il prétendait avoir été usurpés sur elles
et satisfaire, par une nouvelle division de ses États, l'ambition de
Judith pour son fils Charles. Ce nouveau partage, qui enlevait à Louis
de Bavière une partie de ses États et toute la succession de leur père
aux enfants de Pépin, excita une nouvelle guerre en Aquitaine et en
Allemagne. Le vieil empereur, qui s'était mis en marche contre Louis,
mourut à Ingelheim, dans une île du Rhin, âgé de soixante-treize
ans (840).

Les trois premières années qui suivirent la mort de Louis le Débonnaire ne furent que la continuation de la guerre civile allumée
par les partages. Louis, dit le Germanique, et Charles le Chauve, se
liguèrent contre Lothaire et lui livrèrent (25 juin 841) la fameuse bataille de Fontenay, où périt toute la fleur de l'ancienne noblesse. Louis
et Charles, sortis victorieux du combat, forcèrent leur frère de se sauver en Italie. Ils marchèrent ensuite sur Strasbourg, où ils renouvelèrent leur alliance et la confirmèrent par un serment solennel pro-
noncé devant les deux armées en langue teutonique par le roi de
Neustrie, en langue romane ou française par le roi de Germanie. Ces
princes étaient sur le point de se partager toute la monarchie, lorsque, par l'entremise des seigneurs, ils se rapprochèrent de leur aîné
et conclurent avec lui le traité de Verdun, qui consomma le partage
formel de la monarchie (843).

Lothaire conserva, par ce partage, la dignité impériale, avec le
royaume d'Italie et les provinces situées entre le Rhône, la Saône, la
Meuse, l'Escaut, le Rhin et les Alpes. Louis le Germanique eut toute
la Germanie au delà du Rhin, et en deçà de ce fleuve, les cantons
de Mayence, de Spire et de Worms. Enfin, toute la partie des Gaules

qui s'étendait depuis l'Escaut, la Meuse, la Saône et le Rhône, jusqu'aux Pyrénées, échut à Charles le Chauve, qui eut aussi dans son partage la marche d'Espagne, composée du comté de Barcelone et des autres pays que Charlemagne avait conquis au delà des Pyrénées. Les trois frères firent une guerre défensive contre les Barbares et leurs propres sujets. Lothaire fut obligé de maintenir les Romains, de faire respecter sa suprématie au duc de Bénévent, de repousser les incursions des Sarrasins; Louis le Germanique combattit les Slaves sur l'Elbe et le Danube; Charles le Chauve, les Aquitains, les Northmans et les Bretons. Après la mort des enfants de Lothaire, Charles le Chauve se fit couronner empereur par le pape Jean VIII, malgré les prétentions de Louis le Germanique, qui avait partagé avec lui l'héritage de ses neveux par le traité de Mersen (870). Après le règne éphémère et sans importance des premiers successeurs de Charles le Chauve, Louis II (877), Louis III et Carloman (882), l'empire de Charlemagne fut à peu près réuni pour un instant (884) par Charles le Gros, fils cadet de Louis le Germanique et roi d'Allemagne. Mais ce prince, trop faible pour un aussi grand fardeau, fut déposé par les Allemands, et leur exemple fut suivi de près par les Français et les Italiens.

L'empire des Francs fut alors démembré à jamais, et on en vit sortir, outre les royaumes de France, d'Allemagne et d'Italie, trois nouveaux États, les royaumes de Lorraine, de Bourgogne et de Navarre. La possession de l'Italie devint l'objet des prétentions de plusieurs princes du pays. L'Allemagne tomba d'abord entre les mains d'un descendant illégitime de Charlemagne, et bientôt fut entièrement perdue pour sa famille. En France, la dynastie carlovingienne se maintint encore pendant un siècle; mais la suite de ses rois fut deux ou trois fois interrompue par l'élection ou les usurpations d'une famille puissante, les comtes de Paris et d'Orléans, qui finirent, comme avaient fait les maires du palais, par renverser les fantômes de rois qu'ils avaient prétendu servir.

VII. FRANCE.

1. ÉTABLISSEMENT DE LA DYNASTIE CAPÉTIENNE. — 2. HUGUES CAPET, ROBERT, HENRI Ier. PHILIPPE Ier. — 3. IDÉE GÉNÉRALE DE LA FÉODALITÉ.

1. Établissement de la dynastie capétienne.

L'autorité royale déchut de plus en plus en France par les progrès rapides que fit le système féodal depuis le faible règne de Charles le

Chauve. Les ducs et les comtes, usurpant les droits royaux, se faisaient la guerre et levaient à chaque instant l'étendard de la révolte.
Les rois, pour gagner les uns, ou pour maintenir les autres dans le
devoir, furent forcés de leur abandonner successivement toutes les
branches du domaine royal. Il en résulta que les derniers rois carlo-
vingiens furent réduits à un tel état de détresse que, loin de pouvoir
balancer la puissance des grands, il leur restait à peine de quoi fournir faiblement à l'entretien de leur cour. Un changement de dynastie devenait donc indispensable, et le trône devait tomber en
partage au plus puissant et au plus audacieux des vassaux. Cet événement, qu'on prévoyait depuis longtemps, arriva à la mort de
Louis, dit le Fainéant, dernier roi carlovingien, mort sans postérité (987).

2. Hugues Capet, Robert, Henri Ier, Philippe Ier.

Hugues Capet, arrière-petit-fils de Robert le Fort, possédait alors
tout le centre du royaume; il était comte de Paris, duc de France
et de Neustrie, et son frère Henri était maître du duché de Bourgogne. Il ne fut pas difficile à Hugues de se former un parti à la faveur
duquel il se fit proclamer à Noyon et sacrer à Reims. Charles de Lorraine, oncle paternel du dernier roi, et seul héritier légitime de la
maison carlovingienne, revendiqua ses droits à la couronne. Il s'empara à main armée de Laon et de Reims : mais trahi par l'évêque de
Laon et livré à son rival, il fut confiné dans une prison à Orléans, où
il termina ses jours. Hugues, en montant sur le trône, réunit au domaine de la couronne les terres et gouvernements qu'il possédait entre la Loire, la Seine et la Meuse. Sa puissance donna un nouvel éclat
à la dignité royale qu'il trouva moyen de rendre héréditaire dans sa
famille; de même qu'il permit aux grands de transmettre à leurs descendants, à la seule réserve de la féodalité, les duchés et les comtés
qu'ils tenaient de la couronne. Ainsi, le gouvernement féodal se consolida en France par l'hérédité des grands fiefs, et ce royaume se
trouva partagé entre un certain nombre de vassaux puissants qui
prêtaient foi et hommage aux rois et marchaient à leurs ordres dans
les expéditions militaires, mais qui, à cela près, étaient maîtres ab-
solus dans leurs domaines et dictaient souvent la loi au souverain
même. Hugues fut la tige des rois de France appelés *Capétiens*, du
surnom de *Capet* que portait ce prince. A sa mort (996), son fils Robert lui succéda. La répudiation de Berthe, sa première femme et sa
cousine, à laquelle il fut contraint par l'excommunication, son mariage avec Constance de Toulouse, une longue guerre, qui assura le
duché de Bourgogne à Henri, son second fils, sont les faits les plus im-

portants de son règne. A la mort de Robert (1034), sa veuve Constance, qui, déjà de son vivant, avait fait révolter contre lui ses deux derniers fils, appuya les prétentions au trône de son fils Robert, au préjudice de Henri Ier, devenu l'aîné par la mort de Hugues. Mais Henri, à la tête d'une armée que lui avait donnée le duc de Normandie, battit Robert à Villeneuve Saint-George, et le força de se contenter du duché de Bourgogne. Eudes, le dernier des fils de Robert, attira sur lui, par des prétentions semblables, les armes de son frère, qui le battit et l'enferma dans une prison à Orléans. Le traité de Rouen (1055) termina une guerre entre Henri et Guillaume, duc de Normandie, dans laquelle les Normands avaient toujours eu l'avantage. Henri mourut (1060), après avoir fait sacrer à Reims (1059) son fils aîné Philippe, âgé seulement de sept ans. Baudouin V, comte de Flandre, tuteur du jeune prince, commença, par son insouciance, la honte d'un règne que Philippe acheva par sa mollesse et ses débauches. Sous cette administration sans force, Guillaume de Normandie put conquérir l'Angleterre, et la Bretagne eût eu le même sort, sans le courage d'Alain Fergent, fils du duc Hoël (1084). Guillaume avait accompagné le roi dans son expédition en Flandre, pour défendre les droits d'Arnoul, fils de Baudouin VI, et d'où Philippe était revenu battu par Robert le Frison, mais un mot piquant du roi de France ayant, dans la suite, irrité le conquérant de l'Angleterre, celui-ci envahit le territoire français, brûla Mantes, et aurait sans doute porté plus loin ses dévastations, si la mort ne l'eût surpris dans cette ville (1087). La répudiation de Berthe et le rapt de Bertrade de Montfort attirèrent sur Philippe les foudres de l'Église. Guillaume le Roux, qui gouvernait la Normandie, profita de sa lâcheté pour s'emparer de plusieurs villes du Vexin. Grâce à l'activité de son fils Louis, qu'il avait associé à la royauté, et à la pénitence qu'il fit de ses fautes au concile de Paris, Philippe mourut en paix avec ses vassaux et avec l'Église (1108).

3. Idée générale de la féodalité.

Le système féodal régulièrement établi, qui, enchaînant la liberté des peuples et comprimant la puissance des rois, se maintint dans toute sa force depuis la fin du xe siècle jusqu'au commencement du XIIe, peut être considéré comme ayant été presque borné aux contrées de la domination de Charlemagne ou aux États qui le reçurent par la suite de quelques-unes de ces mêmes contrées. L'abus des fiefs fut poussé si loin, surtout en France, que presque toute la propriété devint féodale, et que non-seulement des fonds de terre et des portions de domaines, mais aussi les gouvernements, les duchés et les comtés furent conférés à titre de fiefs. Les grands devinrent bientôt si puissants, par la libéralité des rois et par le nombre de vassaux qu'ils trouvèrent moyen de se procurer, qu'ils osèrent enfin dicter la loi au souverain même. On oublia peu à peu les obligations qu'on avait envers l'État, pour ne reconnaître que celles qu'imposait le contrat féodal. Ce nouveau lien ne tarda pas à ouvrir la porte à la licence : on se crut permis, par une suite de sa nature, de changer de seigneur féodal, toutes les fois qu'on croyait pouvoir le taxer de contravention à ses engagements et à la fidélité réciproque qu'il devait à son vassal. Ce système, qui bouleversait l'ordre public, en portant le germe de la corruption dans toutes les parties de l'administration intérieure, n'était pas moins défectueux relativement aux opérations du dehors. Les armées, composées uniquement de vassaux, ne se mouvaient que difficilement, et ne pouvaient ni prévenir les soulèvements intérieurs, ni empêcher les invasions du dehors. Leurs conquêtes devaient se perdre avec la même facilité qu'elles étaient faites. Le génie des peuples germaniques répugnait à tout système régulier d'impositions. Il n'y avait que les peuples conquis ou tributaires qui fussent assujettis à de certains impôts ou tributs. Les Francs n'en payaient point. Ils auraient même regardé comme un grand outrage, comme une atteinte portée à la liberté nationale, d'être soumis à un impôt.

VIII. NORMANDS.

1. INVASIONS DES NORMANDS. — 2. LEUR ÉTABLISSEMENT EN NEUSTRIE. — 3. CONQUÊTE DE LA GRANDE-BRETAGNE. — 4. LES NORMANDS EN ITALIE ET EN SICILE.

1. Invasions des Normands.

Les Normands, Germains d'origine, et habitants de la Scandinavie des anciens, c'est-à-dire de la Suède, du Danemark et de la Norvége modernes, commencèrent depuis la fin du viiie siècle à couvrir les mers de leurs barques, et à infester successivement toutes les côtes maritimes de l'Europe. Durant l'espace de deux siècles, ils continuèrent leurs courses et leurs brigandages avec une persévérance et une fureur qui passent toute imagination. Ces peuples, encore barbares, méprisant l'agriculture et les arts, ne trouvaient pas dans la pêche et la chasse tout ce qu'il fallait à leurs besoins ; et, d'ailleurs, une sorte de fanatisme religieux les poussait aux entreprises périlleuses. La doctrine d'Odin, recevant dans son *paradis* (wallhall) les braves qui tombaient sous le fer de l'ennemi, inspirait à la jeunesse scandinave ce courage intrépide et téméraire qui lui faisait braver tous les dangers. Les fils de rois eux-mêmes s'érigeaient en chefs de pirates et de brigands, sous le nom de *rois de mer* (see konung), uniquement pour se faire un nom, pour se signaler par des exploits maritimes. Ces pirateries des Normands, qui s'étaient d'abord bornées aux mers et aux contrées les plus rapprochées de la Scandinavie, s'étendirent bientôt sur toutes les côtes occidentales et méridionales de l'Europe. L'Allemagne, le royaume de Lorraine, la France, l'Angleterre, l'Écosse, l'Irlande, l'Espagne, les îles Baléares, l'Italie, la Grèce même et les côtes de l'Afrique, furent exposés tour à tour aux insultes et aux ravages de ces Barbares.

La France en souffrit plus particulièrement sous les faibles règnes de Charles le Chauve (843-875) et de Charles le Gros (884-888). Non contents alors des dégâts qu'ils faisaient sur les côtes, ils remontèrent la Seine, la Loire, la Garonne et le Rhône, et portèrent le fer et le feu jusqu'au centre du royaume. Nantes, Angers, Tours, Blois, Orléans, le Mans, Poitiers, Bordeaux, Rouen, Paris, Sens, Laon, Soissons, et plusieurs autres villes, éprouvèrent successivement leur fureur. Paris fut trois fois pillé et saccagé par eux dans les années 845, 857 et 861. Robert le Fort, tige de la maison des Capets, que Charles le Chauve avait créé duc ou gouverneur de Neustrie (861), fut tué en combattant avec avantage contre les Normands (866). Ils assiégèrent de nouveau Paris en 886. Enfin, la terreur qu'ils répandirent fut telle, que les Français, tremblant au nom seul des Normands, n'osèrent plus les combattre, et que, pour s'en débarrasser, ils achetèrent leur retraite à prix d'argent. Triste et faible remède qui ne fit qu'aggraver le mal en excitant l'ennemi, par l'espoir du gain, à revenir à la charge. Il n'est d'ailleurs pas étonnant que la France ait été exposée si longtemps à ces incursions, puisque, outre l'état de faiblesse de cette monarchie, elle n'avait pas de vaisseaux propres à protéger ses côtes. Les grands, uniquement occupés du soin d'affermir leur pouvoir naissant, n'agissaient que faiblement contre les Normands, dont la présence dans le royaume causait même une diversion utile à leurs vues. Ils ne faisaient même aucune difficulté de se joindre à ces Barbares, toutes les fois qu'ils étaient disgraciés ou qu'ils croyaient avoir à se plaindre du gouvernement.

C'est à la suite de ces nombreuses courses sur toutes les mers de l'Europe, que nous voyons se former les monarchies du Nord, et que les Normands réussirent aussi à fonder plusieurs autres États. C'est à eux que la puissante monarchie des Russes doit son origine. Ruric le Normand est reconnu pour en avoir été le fondateur vers le milieu du IXᵉ siècle. Lui et les grands-ducs, ses successeurs, étendirent leurs conquêtes depuis les mers Baltique et Blanche jusqu'au Pont-Euxin, et firent trembler sur leur trône les empereurs d'Orient, pendant le cours du Xᵉ siècle. En vrais marins normands, ils s'embarquaient sur le Dnieper ou Borysthène, infestaient avec leurs flottilles les côtes de la mer Noire, jetaient l'épouvante jusque dans la ville de Constantinople, et forçaient les empereurs grecs de leur payer de fortes sommes pour racheter leur capitale du pillage.

L'Irlande fut plus d'une fois sur le point d'être subjuguée par les Normands dans leurs courses. On fixe à l'année 795 leur première invasion dans cette île. Ils y firent de grands ravages, conquirent ou fondèrent les villes de Waterford, de Dublin et de Limmerick, et s'en formèrent de petits royaumes. Le christianisme s'introduisit parmi eux vers le milieu du Xᵉ siècle, et ce ne fut que dans le XIIᵉ, à l'époque de l'invasion des Anglais, qu'on parvint à les chasser de l'île.

Les Orcades, les Hébrides, les Shetland, les Feroër et l'île de Man furent aussi découvertes et peuplées par les Normands. Une autre colonie des mêmes Normands peupla l'île d'Islande. Ils y fondèrent un État républicain qui conserva son indépendance jusqu'au milieu environ du XIIIᵉ siècle, où l'île fut conquise par les rois de Norvége. Des Normands fugitifs allèrent, dans le Xᵉ siècle, peupler le Groenland; d'autres se formèrent des établissements dans le Vinland, qu'on croit être l'île de Terre-Neuve de l'Amérique septentrionale.

2. Établissements des Normands en Neustrie.

La Normandie, en France, tire pareillement son nom de ces peuples. Le roi Charles le Simple, voulant mettre un frein à leurs incursions continuelles, conclut, à Saint-Clair-sur-Epte (912), un traité avec Rollon ou Rolf, chef des Normands, par lequel il lui abandonnait la partie de la Neustrie qui s'étendait depuis les rivières d'Andelle et d'Aure jusqu'à l'Océan. Il y ajouta la partie du Vexin située entre les rivières d'Andelle et d'Epte, ainsi que le domaine direct de la Bretagne. Rollon se fit chrétien, et reçut au baptême le nom de Robert. Il se rendit vassal de la couronne de France, sous le titre de duc de Normandie, et obtint en mariage la princesse Gisèle, fille de Charles le Simple. Ces Normands français, dans le siècle suivant, conquirent l'Angleterre et fondèrent le royaume des Deux-Siciles.

3. Conquête de la Grande-Bretagne par Guillaume.

A la mort d'Édouard le Confesseur (1066), Harold, comte de Kent, s'était fait reconnaître roi d'Angleterre; mais il eut un concurrent redoutable dans la personne de Guillaume le Conquérant, duc de Normandie. Ce prince n'avait d'autre droit à la couronne que celui qu'il tirait d'une promesse verbale du roi Édouard le Confesseur, confirmée par le serment que lui avait fait le roi Harold, pendant qu'il était encore comte de Kent. Il fit rapidement ses préparatifs, et vint débarquer à Pevensey, en Sussex, 60 000 hommes tous bien armés et pleins de confiance dans leur bravoure. Il proposa à son rival de se reconnaître son vassal pour le royaume d'Angleterre, ou de terminer le différend par un combat singulier, ou de s'en remettre à l'arbitrage du pape. Harold préféra la décision d'une bataille. Elle se livra sur la hauteur de Senlac, à quelques kilomètres de Hastings, et décida du sort de la vieille monarchie anglo-saxonne. Guillaume resta vainqueur, après un combat qui avait duré toute la journée du 14 octobre 1066, et qui lui avait coûté 15 000 de ses plus braves compagnons d'armes. Guillaume, devenu maître de l'île, se fit couronner roi, apaisa les révoltes, imposa aux vaincus la langue et les lois des vainqueurs, et soumit sa conquête au joug le plus dur et le plus humiliant. Après avoir mis en réserve les domaines de la couronne, il divisa toute la masse des terres en 60 000 baronnies, dont 28 000 furent conférées au clergé, et 32 000 aux seigneurs normands, les unes et les autres à titre héréditaire, et, conformément aux coutumes féodales, avec la condition du service militaire. Les barons furent autorisés à conférer, à titre d'arrière-fiefs, soit aux anciens propriétaires, soit à d'autres personnes dont ils voudraient récompenser les services, une portion des terres qui leur étaient échues, et avec elles une partie des obligations qu'ils avaient contractées envers le souverain. Guillaume désarma les Anglais, et leur fit défense d'avoir de la lumière dans leurs maisons après huit heures du soir. Il fit aussi des efforts pour abolir la langue du pays, en établissant des écoles nombreuses où l'on devait enseigner le normand français, en publiant des lois et en faisant plaider en cette langue dans les tribunaux. Il arriva de là que, de l'ancienne langue bretonne, combinée avec la normande, il se forma un nouveau langage, qui est l'anglais moderne.

Guillaume devint la souche des rois d'Angleterre qui régnèrent depuis 1066 jusqu'à nos jours, et qui tous tiennent de lui et de sa conquête leur droit à la couronne.

4. Les Normands en Italie et en Sicile.

Ce fut à peu près dans le temps de l'invasion de l'Angleterre par les Normands français, qu'une autre colonie des mêmes Normands jeta les premiers fondements du royaume des Deux-Siciles. Les provinces qui composèrent depuis ce royaume étaient partagées, au commencement du XIᵉ siècle, entre les Allemands, les Grecs et les Arabes, qui se faisaient des guerres continuelles. Une centaine environ de Normands français, avides de combats et de gloire, abordèrent dans ces contrées (1016), et y offrirent leurs services aux princes lombards, vassaux de l'empire germanique. La bravoure qu'ils montrèrent dans plusieurs occasions fit désirer à ces princes de les conserver dans le pays, pour servir à la défense de leur frontière contre les Grecs et les Arabes. Bientôt ils se virent aussi recherchés par les princes grecs; et ce fut dans l'intention de se les attacher que le duc de Naples leur céda un territoire où ils construisirent la ville d'Aversa, à trois lieues de Capoue, dont l'empereur Conrad II accorda l'investiture, sous le titre de comté, à Rainulphe, leur chef (1038). Vers la même époque, les fils de Tancrède amenèrent une nouvelle colonie de la Normandie dans la basse Italie. On rapporte communément leur arrivée à l'an 1033; et la tradition fait de Tancrède un descendant de Rollon ou Robert Iᵉʳ, duc de Normandie. Ces nouveaux aventuriers entreprirent la conquête de la Pouille (1041), et en formèrent un comté dont ils obtinrent l'investiture de l'empereur Henri III (1047). Robert Guiscard, l'un des fils de Tancrède, acheva depuis la conquête de cette province. Il y ajouta celle de la Calabre, dont il dépouilla aussi les Grecs, et prit le titre de duc de Pouille et de Calabre (1059). Pour s'affermir dans sa nouvelle conquête et dans celles qu'il méditait sur les deux empires, Robert conclut cette même année un traité avec le pape Nicolas II, par lequel ce pontife lui confirma la possession des duchés de Pouille et de Calabre, et lui en accorda l'investiture, en lui promettant aussi celle de la Sicile, dès qu'il en aurait chassé les Grecs et les Arabes. Robert se reconnut, à son tour, vassal du pape, et s'engagea à lui payer un tribut annuel. Immédiatement après ce traité, Robert Guiscard se joignit à Roger, son frère, pour enlever la Sicile aux Arabes et aux Grecs. Ayant achevé cette conquête, il soumit pareillement les principautés de Bari, de Salerne, d'Amalfi, de Sorrente et de Bénévent; et quant à cette dernière ville, il l'abandonna au pape qui y formait des prétentions. Ces diverses possessions des princes normands furent, dans le XIIᵉ siècle, érigées en royaume, sous le nom de royaume des Deux Siciles. A l'extinction des ducs de la Pouille et de la Calabre, issus de Robert Guiscard, Roger, fils du comte Roger de Sicile, et souverain de cette île, réunit les États des deux branches de la dynastie des Normands (1127). Désirant alors se procurer la dignité royale, il mit dans ses intérêts l'antipape Anaclet II, qui, en lui conférant cette dignité par une bulle, eut soin de réserver à l'Église romaine le domaine direct et un tribut annuel (1130). Ce prince reçut la couronne à Palerme, des mains d'un cardinal que le pape lui députa à cet effet. Il profita de la mort de l'empereur Lothaire pour dépouiller le prince de Capoue et pour subjuguer le duché de Naples (1139). Guillaume II, petit-fils du roi Roger, fut le principal appui du pape Alexandre III, et de la fameuse ligue de Lombardie, formée contre l'empereur Frédéric Barberousse. La race mâle des princes-normands s'éteignit avec Guillaume II (1189), et le royaume des deux-Siciles passa à la maison de Hohen-staufen, par le mariage que l'empereur Henri VI, fils de Frédéric Barberousse, contracta avec la princesse Constance, tante et héritière du dernier roi.

IX. ALLEMAGNE ET ITALIE.

1. QUERELLE DU SACERDOCE ET DE L'EMPIRE : GUELFES ET GIBELINS. — 2. LES OTHONS, HENRI IV, FRÉDÉRIC BARBEROUSSE, FRÉDÉRIC II; GRÉGOIRE VII, INNOCENT III, INNOCENT IV. — 3. GRAND INTERRÈGNE. — 4. LES RÉPUBLIQUES ITALIENNES. — LIGUE HANSÉATIQUE.

1. Querelle du sacerdoce et de l'empire.

Allemagne. — Les États d'Allemagne avaient substitué, par voie d'élection, à Charles le Gros, déposé (887), Arnoul, fils naturel du roi Carloman, qui réunit aussi l'Italie et la dignité impériale. Il eut pour successeurs immédiats Louis l'Enfant et Conrad Ier. A la mort de ce dernier, le choix des États tomba sur Henri Ier dit l'Oiseleur, tige de la dynastie de Saxe (919). C'est à la valeur, à la sagesse de ce prince, à ses institutions civiles et militaires, que l'Allemagne fut redevable de sa nouvelle grandeur. Il reprit le royaume de Lorraine (924 et 925), et affranchit l'Allemagne du tribut qu'elle payait aux Hongrois, par deux batailles sanglantes qu'il gagna sur ce peuple aux environs de Sondershausen et de Mersebourg (933). Othon le Grand, son fils et son successeur (936), fit passer sous la domination allemande la plus grande partie de l'Italie, et transmit ce royaume avec la dignité impériale à ses successeurs au trône d'Allemagne. C'est à Othon le Grand que l'Italie doit les chaînes étrangères qu'elle porte encore aujourd'hui. Depuis ce prince l'Allemagne n'a cessé de peser sur elle[1]. Les rois et les empereurs

---

[1] Les Allemands consacrèrent depuis le principe, que la dignité impériale étant étroitement unie à la royauté d'Italie, les rois élus par la nation germanique devenaient, en vertu de leur élection au trône d'Allemagne, à la fois rois d'Italie et empereurs. L'usage, cependant, du triple couronnement d'Allemagne, d'Italie (à Milan où l'élu prenait la couronne de fer de Lombardie) et de Rome, subsista pendant plusieurs siècles; et depuis Othon le Grand jusqu'à Maximilien Ier, aucun roi d'Allemagne ne prit le titre d'Empereur qu'après avoir été formellement couronné par le pape; jusque-là il s'intitulait *roi des Romains*.

de la maison de Saxe ne bornèrent pas leurs conquêtes aux royaumes de Lorraine et d'Italie : du côté de l'orient et du nord, ils les étendirent au delà de la Saale et de l'Elbe. Tous les peuples slaves entre ces fleuves, le Havel et l'Oder, les Obotrites, les Rhédariens, les Wilziens, les Slaves du Havel ou Hevelli, les Sorabes, les Daleminciens, les Lusiziens, les Milziens, et plusieurs autres, les ducs même de Bohême et de Pologne, furent soumis et forcés à payer tribut. Pour contenir ces peuples dans le devoir, les rois saxons introduisirent le christianisme avec des colonies allemandes dans les pays slaves, et y fondèrent plusieurs margraviats, tels que celui du Nord, qui prit dans la suite le nom de Brandebourg, et les margraviats orientaux de Misnie et de Lusace. Othon II (973-983), Othon III (983-1002) et Henri II (1002-1024) succédèrent à Othon le Grand. La dynastie saxonne s'éteignit avec Henri II, et fut remplacée par celle de la Franconie Rhénane, appelée communément *salique*. Conrad II, premier empereur de cette maison, réunit à l'empire germanique le royaume de Bourgogne ou royaume d'Arles. Situé entre le Rhin, la Reuss, le mont Jura, la Saône, le Rhône et les Alpes, cet État se trouvait partagé entre un certain nombre de comtes ou gouverneurs de provinces, qui, par une suite de la faiblesse des derniers rois, Conrad et Rodolphe III s'étaient érigés en seigneurs héréditaires et propriétaires de leurs gouvernements. Les principaux et les plus puissants de ces seigneurs bourguignons étaient les comtes de Provence, de Vienne, de Savoie, de Bourgogne, de Montbéliard ; les archevêques de Lyon, de Besançon, d'Arles, etc. Henri III, successeur de Conrad (1039), affermit les conquêtes de ses prédécesseurs, et son règne (1039-1056) fut l'époque la plus florissante de l'empire germanique. Cet empire embrassait alors les deux tiers à peu près de la monarchie de Charlemagne. Toute l'Allemagne entre le Rhin, l'Eyder, l'Oder, la Leytha et les Alpes ; l'Italie, jusqu'aux confins des Grecs, dans la Pouille et la Calabre ; la Gaule, depuis le Rhin jusqu'à l'Escaut, la Meuse, la Saône et le Rhône, reconnaissaient la supériorité des empereurs. Les ducs de Bohême et de Pologne étaient leurs tributaires. Cette puissance des empereurs d'Allemagne donna naissance à un système politique d'après lequel tous les peuples chrétiens formaient une seule et même république dont le chef spirituel était le pape, et le chef temporel l'empereur. Mais cette puissance formidable ne tarda pas à décliner. Henri IV, successeur de Henri III (1056), se trouva, après une minorité orageuse, engagé dans une guerre à outrance contre les Saxons (1073), indignés de la conduite de l'empereur qui élevait des forteresses par tout leur pays. Dans le cours de cette guerre, plusieurs des princes les plus puissants, jaloux des prérogatives impériales que Conrad II et Henri III avaient portées au plus haut degré, montrèrent de la répugnance à soutenir l'empereur. Cette lutte difficile n'était pas encore terminée, qu'une autre lutte, bien plus mémorable et autrement dangereuse, s'engagea, au sujet des investitures ecclésiastiques, entre l'empereur et le pape Grégoire VII, qui devait élever la nouvelle puissance des pontifes romains.

L'Italie était devenue un royaume particulier depuis la révolution arrivée à la mort de l'empereur Charles le Gros (888). Dix princes en occupèrent successivement le trône depuis 888 jusqu'en 964. Plusieurs de ces princes, tels que Guy, Lambert, Arnoul, Louis de Bourgogne et Bérenger Ier, étaient revêtus en même temps de la dignité impériale. A la mort de Bérenger (924), la fameuse Marozia, veuve d'un seigneur nommé Albéric, s'empara de la souveraineté de Rome. Elle éleva au pontificat son fils Jean XI; et, pour mieux affermir sa domination, elle épousa (932) Hugues, roi d'Italie. Mais Albéric, autre fils de Marozia, chassa Hugues, enferma sa mère, et s'établit lui-même en seigneur souverain, sous le titre de *patrice des Romains*. Son fils Octavien hérita de sa puissance (954), et se fit aussi élire pape sous le nom de Jean XII.

Cette époque fut une des plus malheureuses de l'Italie. La faiblesse du gouvernement excita des divisons entre les grands, fit naître l'anarchie, et facilita les brigandages des Hongrois et des Arabes, qui dévastèrent impunément la Péninsule. Pavie, capitale du royaume, fut même prise et brûlée par les Hongrois. Les troubles augmentèrent à l'avénement de Bérenger II (950), petit-fils de Bérenger Ier. Ce prince, en prenant la dignité royale, s'associa son fils Adelbert. La voix publique accusait ces princes d'avoir fait mourir le roi Lothaire, fils et successeur du roi Hugues. Le roi d'Allemagne. Othon Ier, appelé par Adélaïde, veuve de Lothaire, s'empara de Pavie et de plusieurs autres places (951), se fit proclamer roi d'Italie, et épousa sa protégée. Il conclut cependant un accommodement avec Bérenger et son fils, et consentit à leur laisser la royauté d'Italie, à la charge de lui en faire hommage (952). Mais, dix ans après, saisissant le prétexte des plaintes du pape, il conduisit une nouvelle armée au delà des Alpes, se fit couronner roi d'Italie à Milan, et de là passa à Rome, où Jean XII, renouvelant en sa faveur la dignité impériale qui n'avait plus été portée depuis trente-huit ans, le sacra et le couronna empereur (2 février 962). Bientôt, mécontent des intrigues du pape, qui traitait avec ses ennemis, le nouvel empereur fit déposer Jean XII, élire Léon VIII, et exigea du clergé et du peuple romain le serment solennel de ne plus élire de pape sans son consentement et sans celui des empereurs ses successeurs. Bérenger, assiégé dans San Leone,

fut pris et exilé à Bamberg, tandis que son fils Adelbert allait chercher un asile à Constantinople (964). Othon reçut l'hommage des
princes de Bénévent et de Capoue, et le mariage de Théophanie,
belle-fille de Nicéphore Phocas, porta dans sa maison des droits dont
elle ne devait jamais jouir, sur la Pouille et la Calabre. L'aversion
des Italiens pour la domination allemande, la rivalité des pontifes,
expression de la nationalité italienne contre les empereurs, agitèrent
le règne des successeurs d'Othon le Grand.

A la place des républiques campaniennes de Naples, d'Amalfi, de
Gaëte, détruites par la conquête normande (question XI), les cités
de Venise, de Gênes, de Pise, enrichies comme elles par le commerce, avaient consolidé leur indépendance. Dès l'an 959, Venise,
réprimant les pirateries des États slaves d'Illyrie, rendit tributaires
leurs principales villes, soumit les villes grecques de Zara, Trieste,
Pola, Trau, Raguse, Spalatro, et domina sur la mer Adriatique (997).
Ses divisions intestines, et surtout la rivalité des Morosini et des
Caloprini, arrêtèrent pendant le xie siècle les progrès de sa puissance,
qui devait prendre un grand développement durant les croisades.

Les deux républiques de Gênes et de Pise, nées de l'anarchie qui
suivit la déposition de Charles le Gros, cherchèrent leur prospérité
dans le commerce maritime, et s'unirent dans une généreuse croisade
contre les Sarrasins, qui avaient pillé Gênes en 936 et Pise en 1005.

Les Pisans enlevèrent deux fois la Sardaigne aux infidèles, et en
demeurèrent maîtres en 1050. Les Génois s'emparèrent de la Corse.
Bientôt, des prétentions opposées des deux républiques sur ces îles,
sortit une guerre acharnée, qui devait, après un siècle et demi, amener la ruine de la puissance pisane. Mais Gênes, restée maîtresse de
la Corse, eut à lutter sans relâche contre l'indomptable courage des
insulaires. A la fin, fatiguée et désespérant de jamais réussir, elle les
céda à la France. Ce fait n'arriva qu'au xviiie siècle.

Les papes, qui supportaient à regret la subordination et les entraves
imposées par les empereurs à leur autorité temporelle, voyaient avec
une juste indignation les empereurs et les rois disposer dans leurs
États des dignités ecclésiastiques et en faire un honteux trafic. C'est
de leurs représentations mal accueillies que sortit la querelle des investitures, qui, préparée de loin, éclata tout à fait sous le règne de
Henri IV et le pontificat de Grégoire VII. Grégoire VII fut à peine
élevé sur la chaire pontificale, qu'il interdit, sous peine d'excommunication, à tous les souverains l'investiture par l'anneau et la crosse.
Cette défense s'adressait plus particulièrement à l'empereur, alors
engagé dans une guerre contre les Saxons révoltés. Henri IV, cité
bientôt devant le pontife pour répondre aux accusations intentées

contre lui, refusa d'y paraître, et fit déposer le pape dans le conci-
liabule de Worms (1076). Alors Grégoire, appuyé sur le mécontentement des ducs de Souabe, de Bavière et de Carinthie, excommunia
et déposa l'empereur, qui se vit forcé par la diète de Tribur, de venir
à Canossa s'humilier devant son ennemi (1077). Sa soumission, toute-
fois, ne fut pas de longue durée; il se joignit aux Lombards irrités
contre le pape, et décida, par cette démarche, les princes allemands
réunis à Forcheim à choisir pour empereur le duc de Souabe, Rodolphe. Henri, excommunié de nouveau, déploya une énergie et des
talents que ne semblaient pas promettre les désordres de sa jeunesse.
Il déposa le pape au synode de Mayence et de Brixen, et lui opposa
Clément III. Il livra à son rival plusieurs batailles, dans la dernière
desquelles Rodolphe victorieux fut mortellement blessé (bataille de
Mersebourg 1080). En vain, Grégoire lui fit substituer Hermann de
Luxembourg : ni l'appui de la comtesse Mathilde, maîtresse de l'Italie
moyenne, ni l'alliance de Robert Guiscard, ne mirent le succès de
son côté, et, chassé de Rome, il alla mourir à Salerne (25 mai 1085).
Henri IV eût triomphé plus longtemps, si les successeurs de Grégoire
n'eussent armé contre lui son propre fils Conrad, et Welf de Bavière,
époux de Mathilde. Conrad, mort bientôt après, fut remplacé par son
frère Henri. La guerre civile devint domestique; et le vieil empereur,
qui avait livré soixante batailles, abandonné et trahi par les siens,
alla mourir à Liége dans l'indigence (1106), et n'obtint pas même le
repos de la tombe. Le parricide Henri V ne se montra pas plus docile
que son père au saint-siège. Il descendit en Italie, fit prisonnier
Pascal II, et ne lui rendit la liberté qu'après lui avoir arraché le privilége des investitures. L'Allemagne trembla devant lui, et la diète
de Worms vit terminer, pour quelque temps, la guerre des deux pouvoirs (1122). L'alliance de l'empereur Lothaire de Saxe avec Innocent II contre l'antipape Anaclet replaça l'Italie sous l'influence germanique; mais à la mort de Lothaire (1137), Roger II de Sicile reparut,
s'empara d'Innocent, et força son prisonnier à le reconnaître pour roi
de Sicile, duc de Pouille et prince de Capoue. Telle fut la fondation
du royaume de Naples. La guerre civile entre les villes de l'Italie septentrionale, une révolution à Rome, les prétentions de Roger II, appelaient Conrad III au delà des Alpes; mais la seconde croisade
changea sa marche. Eugène III n'eut d'autre défenseur que Roger,
qui le ramena à Rome entre deux expéditions contre les Grecs et une
en Afrique (1149).

Frédéric Ier Barberousse succéda à Conrad III, son oncle. Tandis
que son pouvoir était incontesté en Allemagne, il était repoussé par
l'Italie. De nombreuses républiques s'étaient élevées dans la Pénin-

sule à la fin du XIᵉ et au commencement du XIIᵉ siècle. Ces républiques, tout en s'affranchissant de l'autorité impériale et en s'arrogeant
des droits de souveraineté, protestaient néanmoins de leur fidélité envers l'empereur, qu'elles disaient reconnaître pour leur seigneur suprême. Les empereurs Henri V, Lothaire le Saxon et Conrad III se
virent forcés de tolérer une usurpation qu'ils étaient dans l'impuissance de réprimer. Mais Frédéric Barberousse, résolu de rendre à la
royauté d'Italie son premier éclat (1158), conduisit une puissante armée dans la Péninsule, et fit décider par les jurisconsultes de Bologne, à la diète de Roncaglia, que le pouvoir absolu appartenait aux
successeurs des Césars. Alors commença d'une manière plus régulière
la lutte de l'Italie et de l'empire, des *guelfes* et des *gibelins*. La résistance de l'Italie détermina Frédéric à agir avec vigueur; et la prise
de Crémone, la destruction de Milan, l'appui donné à Victor III par
le concile de Pavie contre Alexandre III, semblaient assurer sa domination (1162). Mais la ligue lombarde, plus étonnée que découra-
gée, défendit contre lui la liberté de l'Italie. Enfermé dans Suze par
les habitants, l'empereur ne leur échappa qu'à la faveur d'un dégui-
sement, et à son retour en Allemagne il partagea la succession impériale entre ses fils. Les désastres de sa cinquième campagne le forcèrent à reconnaître Alexandre III, et à faire avec les différentes
puissances de l'Italie une paix dont il se vengea sur Henri le Lion,
auquel il prit la Saxe qu'il partagea entre ses partisans. Pour se relever en Italie, il maria son fils Henri à Constance de Sicile, fille de
Roger, et partit pour la troisième croisade. Henri VI, son fils et son
successeur (1190), devenu par les armes et par sa cruauté maître de la
Sicile, fut obligé de céder à une nouvelle ligue lombarde, et échoua à
la diète de Mayence, dans le dessein de rendre la couronne impériale
héréditaire dans sa maison. L'autorité d'Innocent III, digne émule
de Grégoire VII, fit élire, à sa mort (1197), le guelfe Othon IV, fils
de Henri le Lion, et compétiteur de Philippe de Souabe. Mais le
nouvel empereur, infidèle au saint-siége dont il devait se considérer
comme la créature, fut bientôt excommunié, et se vit remplacé à la
diète d'Egra par Frédéric II, petit-fils de Frédéric Iᵉʳ, et héritier, du
chef de sa mère, du royaume des Deux-Siciles (1212). Le protégé du
pape sembla bien disposé d'abord à exécuter fidèlement toutes les
promesses qu'il avait faites à Innocent III; mais, après la mort de ce
pontife (1216), ses démonstrations alarmantes contre l'autorité pontificale et l'indépendance des villes donnèrent l'éveil au parti guelfe
d'Italie. Les villes de la Lombardie renouvelèrent leur ligue, et y attirèrent le pape Grégoire IX, dont la dignité et la puissance étaient
sérieusement menacées, si l'empereur, possesseur du royaume des

Deux-Siciles, parvenait à subjuguer les villes de la Lombardie. La lutte qui s'ensuivit fut aussi longue que sanglante. Frédéric II, forcé de diminuer ses prétentions, ayant essayé de ressaisir ses avantages avec une armée de douze mille Sarrasins, fut excommunié par Grégoire IX qui prêcha la croisade contre lui, et lui suscita des ennemis dans l'Italie tout entière. Le pape Innocent IV, obligé par les violences de l'empereur de se retirer à Lyon (1245), y dépose solennellement Frédéric dans un concile général, et fait décerner la couronne impériale, d'abord à Henri Raspon, landgrave de Thuringe, ensuite à Guillaume, comte de Hollande. La cause gibeline triompha un moment; mais, après quelques derniers efforts sans succès, l'empereur alla mourir dans ses États de Naples, avec la douleur d'avoir vu toutes ses forces se briser encore une fois contre celles de la ligue et de la papauté.

3. Grand interrègne.

La chute de l'autorité impériale, celle de la maison de Hohenstaufen, le nouveau pouvoir usurpé par les princes et États de l'empire, entraînèrent une longue suite de troubles en Allemagne, et cet affreux état d'anarchie, qui est connu sous le nom de grand interrègne (1250-1272). Richard, comte de Cornwall, et Alphonse X, roi de Castille, entre lesquels les suffrages des électeurs s'étaient partagés, se disputèrent la couronne impériale. Le droit du plus fort prit dès ce moment un libre essor, le gouvernement fut altéré dans ses bases, et on ne trouva d'autre moyen de remédier au défaut de sûreté publique qu'en formant des ligues et des confédérations, telles que celle du Rhin (1253), conclue originairement entre six villes, et qui en réunit bientôt soixante, et la ligue hanséatique. L'élection des empereurs, à laquelle tous les princes et États d'empire avaient précédemment concouru, devint alors le partage des seuls grands officiers de la couronne, qui, vers le milieu du XIII⁰ siècle, s'arrogèrent exclusivement le droit d'élire et le titre d'électeurs.

4. Ligue hanséatique.

La ligue hanséatique, que des villes maritimes de la Baltique avaient formée dans le XIII⁰ siècle pour la protection de leur commerce contre les pirates et les brigands, prit des accroissements considérables; et devint, vers la fin du siècle suivant, une puissance maritime redoutable. Le premier acte connu d'une confédération générale entre ces villes fut rédigé dans l'assemblée de leurs députés, tenue à Cologne en 1364. Toutes les villes alliées furent réparties en quartiers ou cercles : le *quartier Vénède*, des côtes sud et est de la Baltique; le *Westphalien*, des villes de l'ouest; le *Saxon*, comprenant les villes du milieu et de l'intérieur. Un quatrième quartier, celui des villes de Prusse et de Livonie, fut ajouté dans la suite. Les assemblées générales de la ligue se tenaient régulièrement, tous les trois ans, dans la ville de Lubeck, regardée comme le chef-lieu de toute la ligue. Leur commerce, quoique très-étendu et appuyé sur une grande puissance navale, n'était ni solide ni durable. Réduites par le manque de matières premières et de grandes manufactures, au simple trafic des productions étrangères, elles devaient voir l'industrie des autres nations donner, avec le temps, une autre direction à leur commerce. Les souverains du Nord, éclairés sur leurs vrais intérêts, limitèrent peu à peu les priviléges qu'ils avaient eu la faiblesse de leur accorder. Les guerres ruineuses qui en résultèrent, en épuisant les finances des confédérés, engagèrent une ville après l'autre à se retirer de la ligue. Les Anglais et les Hollandais, encouragés par les rois de Danemark, envoyèrent leurs vaisseaux dans la Belgique, et s'approprièrent insensiblement la plus grande partie du commerce des hanséatiques. Cette ligue, d'ailleurs, qui avait dû son origine à l'état anarchique de l'empire, dut perdre de son crédit et de son importance à mesure que le gouvernement de l'empire prit une nouvelle consistance. Elle déchut rapidement dans le cours du xvi⁰ siècle, et fut entièrement détruite dans la première moitié du siècle suivant.

X. CROISADES.

1. PREMIÈRE CROISADE, ROYAUME DE JÉRUSALEM. — 2. SECONDE, TROISIÈME, QUATRIÈME CROISADE. — 3. CROISADES DE SAINT LOUIS. — 4. RÉSULTAT DES CROISADES.

Depuis que sainte Hélène, mère de Constantin le Grand, avait découvert la vraie croix et bâti l'église du Saint-Sépulcre, la terre sainte était visitée par un grand nombre de pèlerins que la dévotion y faisait affluer de tous les pays du monde pour visiter les lieux, théâtre de la vie du Christ, de ses prédications, de ses miracles et de son martyre. Les Arabes, devenus maîtres du pays, tolérèrent les pèlerinages moyennant un modique tribut, bien que Jérusalem fût pour eux-mêmes une ville sainte. Mais à cette époque de leur domination, ils comprenaient la tolérance. Tout changea avec le khalife Hakem dont la tyrannie désola l'Église de Jérusalem; les vexations auxquelles les pèlerins étaient en butte devinrent surtout intolérables lorsque les Turcs seldjoucides se furent emparés de la Pales-

tine et de l'Asie Mineure. Urbain II, reprenant le projet de Grégoire VII, profita de l'alarme et de l'indignation que causaient les
progrès et les persécutions de ces nouveaux conquérants, pour réunir
tous les souverains de l'Europe dans une croisade contre eux. Puis
samment secondé par un simple pèlerin d'Amiens, Pierre l'Ermite,
il prêcha la croisade aux conciles de Plaisance et de Clermont, et décida une immense multitude à prendre la croix et à marcher contre
les infidèles aux cris de : *Dieu le veut* (1095). On décida que tous ceux
qui s'enrôleraient dans cette sainte milice porteraient une croix rouge
sur l'épaule droite, qu'ils jouiraient d'indulgences plénières et qu'ils
obtiendraient la rémission de tous leurs péchés.

La situation où se trouvait l'Europe était on ne peut plus favorable
à la croisade. Toutes choses allaient dans un tel désordre, dit Guillaume de Tyr, qu'il semblait que le monde penchât vers son déclin,
et que la seconde venue du Fils de l'homme dût être prochaine. L'opinion généralement répandue que la fin du monde n'était pas éloignée,
de terribles épidémies, la famine et toutes les calamités, suites des
guerres continuelles entre les seigneurs féodaux, poussaient les peuples à accepter en foule l'asile que leur offrait l'étendard de la croix
contre la misère et l'oppression. Les Allemands seuls ne partagèrent
que faiblement ce premier enthousiasme, à cause des différends qui
subsistaient alors entre l'empereur et la cour de Rome.

Les adversaires que les croisés allaient avoir à combattre en Orient
étaient les Turcs seldjoucides et les khalifes fatimites d'Égypte. Le
vaste empire des premiers, qui, menaçant l'indépendance de l'Europe
orientale, s'étendait depuis l'Indus jusqu'à l'Archipel, était alors divisé
en plusieurs sultanies, dont les principales étaient celle de Roum ou
d'Iconium, celle d'Iran ou de Perse, celles de Mossoul, d'Alep, de Damas, d'Antioche, etc. Les seconds venaient d'enlever aux Turcs orto-
cides la Palestine et Jérusalem.

1. Première croisade, royaume de Jérusalem.

Les premières bandes de croisés, partis sous les ordres de Pierre
l'Ermite, de Gautier Sans Avoir, furent harcelées par les Hongrois et
les Bulgares dont elles dévastaient le pays, et allèrent se faire exter-
miner par les Turcs au siége de Nicée. Godefroi de Bouillon, duc de
la basse Lorraine, marcha à la tête de l'armée régulière, et fut déclaré
chef de l'expédition, où se distinguaient, entre beaucoup de guerriers
illustres, ses frères Eustache et Baudouin, Hugues, comte de Vermandois et frère du roi de France Philippe Ier; Robert Courte-Heuse,
duc de Normandie; Raymond, comte de Toulouse, et Bohémond,
prince de Tarente. L'armée des croisés, forte de 600 000 hommes,

transportée au delà de l'Hellespont par les vaisseaux d'Alexis Com-nène, s'empara de Nicée, battit Kilidge-Arslan, sultan de Roum, dans les plaines de Dorylée, emporta Antioche, et bientôt après Jérusalem (1099). Cette ville fut déclarée capitale d'un nouveau royaume dont la souveraineté fut déférée à Godefroi, qui, en l'acceptant, refusa le titre de roi. Il mourut au bout d'un an, après une éclatante victoire remportée, près d'Ascalon, sur le khalife d'Égypte. Son frère Bau-douin, comte d'Édesse, lui succéda, et transmit le trône à son cousin Baudouin du Bourg, dont la postérité régna à Jérusalem jusqu'à la destruction de ce royaume par Saladin. La création des ordres des Hospitaliers (1100) et du Temple (1118), dont les membres se dé-vouaient au service des pèlerins et à la défense de la terre sainte, suivit de près la fondation du royaume de Jérusalem.

2. Seconde, troisième, quatrième croisade.

La seconde croisade, rendue nécessaire par les conquêtes de l'Atabek Zenghi, qui s'est emparé d'Édesse, par les succès de son fils Noureddin et par la détresse de Baudouin III, est conduite sans succès et sans gloire par Conrad III, empereur d'Allemagne, et par le roi de France Louis VII (1147-1149).

La nouvelle des succès de Saladin, qui, maître de tout le pays entre Tripoli et le Tigre, venait de s'emparer de Jérusalem (1187), causa une vive émotion dans tout l'Occident. L'empereur Frédéric Barberousse, le roi de France Philippe Auguste, et le roi d'Angleterre Richard Cœur de Lion se croisèrent à la voix de Guillaume de Tyr. L'empereur partit le premier avec une armée de 100 000 hommes, et périt avec elle en Asie (1190), avant d'arriver dans la Palestine. Les rois de France et d'Angleterre, instruits par l'expérience, renon-cent à la route de terre, si fatale à tant de croisés, et vont s'embar-quer, le premier à Gênes et le second à Marseille, sur des vaisseaux fournis par Gênes, Pise et Venise, et passent l'hiver en Sicile. De cette île, où les intrigues de l'usurpateur Tancrède et le mariage que Ri-chard, fiancé à Alix de France, contracte avec Bérengère de Navarre, brouillent les deux rois, les deux flottes partent séparément. Tandis que Philippe Auguste va mettre le siège devant Saint-Jean d'Acre, Richard s'empare de l'île de Chypre, qu'il cédera bientôt à Lusignan en échange de la couronne de Jérusalem. Après la prise de Saint-Jean d'Acre par les deux armées réunies, le roi de France retourna dans ses États, laissant à Richard une partie de ses troupes. Le roi d'Angleterre signala dans de stériles combats sa bravoure chevale-resque, conclut une trêve avec Saladin (1192), et s'embarqua pour l'Europe. Jeté par un naufrage sur la côte de Dalmatie, il fut arrêté en Autriche par le duc Léopold, qu'il avait outragé en Palestine, et livré à l'empereur Henri VI, qui le retint en prison et lui vendit chèrement sa liberté.

La quatrième croisade fut entreprise sur les vives instances du pape Innocent III (1197), et prêchée par Foulques de Neuilly, dont l'éloquence réveilla encore l'enthousiasme religieux de l'Occident. Cependant les croisés, sous les ordres de Boniface de Montferrat, trompèrent les vœux du pontife. Pour s'acquitter envers la république de Venise, qui leur avait prêté des vaisseaux, ils l'aidèrent à reprendre Zara, tombée au pouvoir du roi de Hongrie. Courant ensuite au secours de l'empereur Isaac l'Ange, ils le rétablirent sur son trône; mais l'inexécution des promesses jurées et l'usurpation de Ducas Murtzuphle les armèrent de nouveau contre Constantinople. Ils s'emparèrent de la ville, la livrèrent au pillage, et fondèrent, dans la personne de Baudouin, l'empire français de Constantinople. La république de Venise, véritable chef de cette croisade, qu'elle avait dirigée au gré de son ambition et de ses intérêts, obtint, pour sa part de la conquête, Péra, Corfou, Candie et les plus belles possessions maritimes de l'empire grec.

La cinquième croisade (1217-1221) fut conduite par André, roi de Hongrie, suivi de plusieurs princes et seigneurs allemands, qui avaient pris la croix en conséquence des décrets du concile de Latran (1215). Elle fut humiliante et désastreuse pour les chrétiens.

La sixième croisade (1228-1229) eut pour chef Frédéric II. Ce prince, qui s'était croisé quinze ans auparavant, partit pour la terre sainte avec une faible armée et encore sous le poids de l'excommunication prononcée par Grégoire IX. Le traité par lequel le sultan d'Égypte Melic-Kamel lui céda Jérusalem ne satisfit ni les Sarrasins ni les chrétiens, et Frédéric n'eut pour témoin de son couronnement que ses barons allemands. Il revint en Europe, où l'appelaient les ennemis que lui suscitait le pape. Jérusalem ne tarda pas à retomber entre les mains des infidèles, et ne put être sauvée par une nouvelle armée de croisés partis de Marseille, malgré l'opposition du pape, et qui n'arrivèrent qu'en petit nombre en Palestine.

3. Croisades de saint Louis.

Un vœu qu'il renouvela après la guérison d'une grande maladie imposa à saint Louis la septième croisade. Il partit d'Aigues-Mortes avec son armée, le 24 août 1248, et passa l'hiver dans l'île de Chypre. Persuadé que la conquête de l'Égypte était le plus sûr moyen d'assurer celle de la Palestine, il s'empara de Damiette, et résolut d'attaquer le Caire. La victoire de la Massoure fut le dernier avantage des croisés. Le comte d'Artois fut tué à la tête de l'avant-garde, et saint Louis prisonnier dut sa liberté au traité qu'il fit avec le sultan d'Égypte. Fidèle à sa parole, il se borna à fortifier les villes de Césarée, Jaffa, Sidon et Saint-Jean d'Acre, et passa quatre ans en Palestine à raffermir les chrétiens, éteindre leurs divisions et visiter les saints lieux. A la nouvelle de la mort de sa mère (1252), il se hâta de revenir en France, où l'appelaient les intérêts de son royaume (1254).

La détresse des chrétiens d'Orient, massacrés ou vendus par Bibars-Bondochar, sultan des mameluks d'Égypte, émut le cœur de saint Louis. Il s'embarqua à Aigues-Mortes (1er juillet 1270), et, sans qu'on puisse assigner à sa marche une cause certaine, il se dirigea vers Tunis, devant laquelle il mit le siége, après s'être emparé de Carthage. Mais, le 25 août, il mourut victime des maladies qui désolaient son armée. Charles d'Anjou débarqua ce même jour avec les troupes de Sicile, et les croisés, forcés de quitter le rivage d'Afrique, ne l'abandonnèrent qu'après avoir vaincu les Maures et imposé à Mohammed Mostanser un traité avantageux aux chrétiens.

4. Résultat des croisades.

Les croisades eurent des résultats importants pour l'ordre social et politique des peuples occidentaux. Le débordement de l'islamisme fut arrêté, et l'Europe fut sauvée de l'invasion des Turcs. Les papes, qui, pendant tout le temps de la durée des croisades, jouèrent le rôle de chefs et de souverains maîtres de la chrétienté, accrurent considérablement leur puissance spirituelle et temporelle. Les princes agrandirent leur domaine et fortifièrent leur autorité par l'affaiblissement de la noblesse féodale, qui gagna en illustration et en distinctions honorifiques ce qu'elle avait perdu en puissance. Plus que toute autre cause, les croisades favorisèrent les affranchissements, l'établissement des communes, et par suite la formation du tiers état. La navigation et le commerce firent des progrès considérables, et, en avançant la civilisation générale par les relations nouvelles des peuples entre eux, introduisirent des industries nouvelles, des produits de l'art et de la nature jusqu'alors inconnus à l'Occident. De là, la prospérité de Venise, de Gênes et de Pise, de Marseille et de Barcelone; de là, par une action moins immédiate, la richesse et l'activité des villes du Nord, qui formèrent, vers l'an 1241, à ce que l'on croit, leur première association de commerce. Quelques traces de sciences et de bon goût s'étaient conservées dans la Grèce, et jusqu'au fond de l'Asie, où les lettres avaient été encouragées par les khalifes. Constantinople abondait en beaux monuments des arts.

Les Italiens surtout devaient en profiter. Les relations suivies qu'ils entretenaient avec l'Orient et avec la ville de Constantinople leur facilitèrent les moyens de se familiariser avec la littérature grecque, d'en faire naître le goût, et d'avancer ainsi la belle époque de la renaissance des lettres.

Avant de quitter l'Orient du moyen âge, nous devons rappeler une invasion qui bouleversa l'Asie entière et fit trembler l'Europe, celle de Gengiskhan. Ce chef des hordes mongoles conquit la Tartarie et la Chine, le Turkestan, la Transoxiane et la Perse. Après sa mort, en 1227, ses successeurs envahirent l'Asie Mineure et la Russie; le courage des Polonais les arrêta. L'empire des Mongols, arrivé à son plus haut point de puissance, vers la fin du XIIIᵉ siècle, s'étendait de la mer de Chine et des Indes jusqu'au fond de la Sibérie, et de la mer Orientale et du Japon, jusque dans l'Asie Mineure et aux frontières de la Pologne. Cette puissance commença à déchoir vers le XIVᵉ siècle et disparut à la fin du XVᵉ, en 1481.

XI. ALLEMAGNE ET ITALIE.

1. RODOLPHE DE HABSBOURG. — 2. LIGUE HELVÉTIQUE. — 3. RÉPUBLIQUE DE FLORENCE. — 4. RIVALITÉ DE VENISE, GÊNES ET PISE. — 5. GRAND SCHISME D'OCCIDENT.

1. Rodolphe de Habsbourg et ses successeurs jusqu'à Frédéric III.

Fatigués des désordres du grand interrègne, les électeurs réunirent enfin leurs voix sur Rodolphe de Habsbourg (1272), qui, abandonnant sagement l'Italie à elle-même, s'occupa de ramener l'ordre en Allemagne par une administration vigoureuse. Il fit deux fois la guerre à Ottocar, roi de Bohême, et reconquit sur lui l'Autriche, la Styrie et la Carniole, qu'il donna, du consentement de la diète, à son propre fils Albert (1283). L'histoire intérieure de l'empire, pendant les deux siècles suivants, présente peu d'événements dignes d'attention. Depuis Adolphe de Nassau, donné pour successeur à Rodolphe (1292), jusqu'à Sigismond (1414), chaque empereur eut à lutter contre un compétiteur, ou contre les électeurs ligués pour le détrôner. Adolphe de Nassau, tué à la bataille de Gœlheim, est remplacé (1298) par son rival Albert Iᵉʳ, qui vit la tyrannie de ses gouverneurs soulever la Suisse. Henri VII de Luxembourg succéda à Albert (1308), et donna pour roi à la Bohême Jean, son fils, qui y fonda une nouvelle dynastie. Descendu en Italie pour s'y faire couronner, il répondit inutilement au désir du parti gibelin qui l'y appelait, et mourut excommunié par Clément V, pour avoir mis le roi de Naples Robert au ban de l'Empire (1314). Louis IV de Bavière, son successeur, eut pour rival Frédéric d'Autriche. Il le battit à la bataille de Muldorf (1322), et le traité d'Ulm laissa à Frédéric un vain titre de roi qu'il ne dut qu'à la condescendance de Louis pour le pape Jean XXII. Mais le couronnement à Rome de ce dernier, par les mains du préfet Sciarra Colonne, le fit excommunier, et força la diète germanique d'opposer à Benoît VII la pragmatique sanction de Francfort (1338). Charles IV (1347), que la cour pontificale d'Avignon avait opposé aux dernières années de Louis V, renonça à la suzeraineté de l'Empire sur l'Italie. Couronné roi d'Arles par Urbain V, il confirma la vente d'Avignon faite au saint-siége et la cession du Viennois faite à la France. Wenceslas (1378), son fils et son successeur, accusé d'avoir prêté son appui aux villes libres révoltées contre l'Empire, fut déposé (1400) et remplacé par Robert de Bavière. Celui-ci fit une dernière tentative sur l'Italie, pour disputer le Milanais aux Visconti, et fut battu sur le lac de Garde. Sous Sigismond de Luxembourg, qui lui succéda (1414), les attaques des Ottomans inquiétèrent la chrétienté, et la guerre des Hussites agita l'Allemagne. Albert d'Autriche, son gendre, succéda (1438) à ses trois couronnes (la couronne impériale, celles de Bohême et de Hongrie), et eut pour successeur, deux ans après (1440) dans l'Autriche et l'Empire, Frédéric III qui fut couronné en 1452 par Nicolas V, après l'expiration du schisme, et qui a été le dernier empereur qui ait fait pour cette cérémonie le voyage de Rome. Son long règne ne s'écoula pas moins dans la plus complète obscurité.

Dans cette période, en même temps que l'Empire reçoit une constitution plus régulière et plus complète par les lois de Rodolphe, la bulle d'or de Charles IV et le premier établissement des cercles sous Wenceslas et Sigismond, la dignité impériale devient onéreuse à ceux qui en sont investis, et les États atteignent, comme corps fédératifs et comme individus, au plus haut degré de souveraineté. Les trois archevêques de Mayence, de Cologne et de Trèves, le roi de Bohême, le duc de Bavière, comte palatin, le duc de Saxe et le margrave de Brandebourg, qui jouissaient du droit de *prétaxation* ou première élection, forment le collége des sept électeurs qui s'arroge le droit exclusif d'élire l'empereur et de participer à la collation des grands fiefs. Après ce premier collége vient celui des princes, augmenté et décrédité par la création des nouveaux ducs. Enfin, un troisième collége, celui des villes impériales, prend séance dans la diète à partir de l'année 1293. La fameuse bulle d'or (1356), une des principales lois constitutives de l'Empire, détermina le lieu et le mode de l'élection de l'empereur, les droits et priviléges des sept électeurs, leur ordre de succession primogéniale et indivisible, l'attribution des deux vicariats au duc de Saxe et au comte palatin du Rhin.

2. Ligue helvétique.

La Suisse, ancienne dépendance du royaume de Bourgogne, était devenue province immédiate de l'Empire en 1218. Elle était, au commencement du XIVe siècle, partagée en une foule d'États, tant ecclésiastiques que séculiers, tels que l'abbé de Saint-Gall, les comtes de Toggenbourg, de Savoie, de Gruyères, de Neufchâtel, de Werdenberg, etc., les villes libres et impériales de Zurich, Soleure, Bâle, Berne, etc. Une partie des habitants d'Uri, de Schwitz et d'Unterwalden, sujets immédiats de l'Empire, étaient gouvernés par leurs propres magistrats, sous le titre de cantons. Ils recevaient de l'empereur des avoyers, qui y exerçaient le droit de glaive, en son nom et en celui de l'Empire. Albert Ier, qui songeait à former de la Suisse un corps de principauté en faveur de l'un de ses fils, essaya de faire reconnaître aux trois cantons la supériorité de l'Autriche, et les fit tyranniser par les avoyers qu'il leur avait donnés au nom de l'Empire. Alors, trois hommes de courage, Werner de Stauffach, du canton de Schwitz, Walter Fürst, du canton d'Uri, et Arnold de Melchthal, du canton d'Unterwalden, conspirèrent contre les tyrans. Le 1er janvier 1308, les avoyers furent chassés, et les députés des trois cantons arrêtèrent une ligue de dix ans pour le maintien de leur liberté et de leurs priviléges. Après la victoire remportée sur les Autrichiens à Morgarten, les confédérés renouvelèrent leur ligue à Brunnen et la rendirent perpétuelle (1315). Elle devint la base du système fédératif des Suisses, qui ne tarda pas à se fortifier par l'accession de plusieurs cantons. La ville de Lucerne entra dans la ligue en 1332; Zurich, en 1351; Glaris, Zug et Berne, en 1353, ce qui forma les huit anciens cantons. Enfin, en 1415, la proscription, prononcée par l'empereur Sigismond et par le concile de Constance, contre Frédéric, duc d'Autriche, comme adhérent et protecteur de Jean XXIII, fournit aux Suisses l'occasion d'assurer leur confédération, en enlevant à la maison d'Autriche les vastes domaines qu'elle possédait encore au centre même de la Suisse.

Mainfroi, fils naturel de Frédéric II, dégoûté du rôle de tuteur du jeune Conradin, qu'il avait d'abord joué, s'était fait proclamer et couronner roi des Deux-Siciles à Palerme (11 août 1258). Mais le pape Clément IV ne pouvait consentir à laisser la moitié de l'Italie au fils de l'homme que le saint-siège avait tant persécuté. Mainfroi fut excommunié comme l'avait été son père et le pape donna l'investiture de son royaume à Charles d'Anjou, comte de Provence, à la charge d'en prêter foi et hommage au saint-siége (1265). Charles, couronné à Rome, défit et tua Mainfroi à la bataille de Bénévent (1266). Deux ans après, il battit le jeune Conradin dans les plaines de Tagliacozzo, et l'ayant fait prisonnier avec son jeune ami Frédéric d'Autriche, il les fit décapiter tous les deux à Naples (1268). Charles ne jouit pas longtemps d'une puissance cimentée par un crime ; et, après la sanglante conspiration des Vêpres Siciliennes (30 mars 1282), la Sicile se donna au roi d'Aragon, Pierre III, qui se fit couronner à Palerme, et força Charles à lever le siége de Messine et à se contenter du seul royaume de Naples, qu'il transmit à ses descendants, communément désignés sous le nom de princes de la première maison d'Anjou. La reine Jeanne Ire, menacée par son neveu Charles de Durazzo, qu'elle avait adopté et désigné pour son successeur, annula sa première adoption et en fit une autre en faveur de Louis Ier, frere puîné de Charles V, roi de France, et fondateur de la seconde maison d'Anjou. Mais Charles fit mourir la reine, se fit proclamer à sa place, et se maintint sur le trône contre son rival, qui ne recueillit de la succession de Jeanne que le comté de Provence.

La reine Jeanne II, fille et héritière de Charles de Durazzo, ayant été attaquée par Louis III d'Anjou, qui voulait faire valoir les droits d'adoption qu'il tenait du duc Louis Ier, son aïeul, implora la protection d'Alphonse V, roi d'Aragon, et le déclara son héritier. Brouillée bientôt avec ce prince, elle passa un nouvel acte d'adoption en faveur de Louis III d'Anjou. René d'Anjou, frère et successeur de ce prince, prit possession du royaume de Naples à la mort de Jeanne (1435) ; mais il en fut chassé par le roi d'Aragon, qui se fit donner par Eugène IV l'investiture de ce royaume (1445), qu'il transmit à Ferdinand, son fils naturel, tige d'une branche particulière des rois de Naples. Les droits des Angevins de la seconde race devaient passer avec la Provence aux rois de France (1481).

3. République de Florence.

Toutes les villes libres ou républiques de Toscane furent successivement subjuguées par les Florentins, à l'exception de Lucques, qui résista à toutes leurs attaques et maintint son indépendance. Dès 1292, pour mettre un terme aux factions qui agitaient la république, les Florentins s'étaient donné un magistrat appelé *gonfalonier de justice,* et revêtu du pouvoir de rassembler le peuple sous son étendard toutes les fois que les voies de conciliation étaient insuffisantes pour rétablir la paix. Au milieu de ces agitations intestines, Florence s'enrichit par son commerce et ses manufactures.

4. Rivalité de Venise, Gênes et Pise.

Les croisades avaient accéléré l'agrandissement des républiques de Venise, Gênes et Pise, en facilitant leurs établissements en Asie et er Afrique, en multipliant leurs relations commerciales. Les nombreux établissements que Venise avait formés dans le golfe Adriatique et dans les mers du Levant, joints à la nouvelle force que lui prêtait l'introduction de l'aristocratie héréditaire (1298) et du Conseil des Dix (1310), secondèrent les progrès de son commerce et de sa marine. Aussi, le traité qu'elle conclut avec le sultan d'Égypte (1345), en assurant à la république une entière liberté de commerce dans les ports de Syrie et d'Égypte, ainsi que la faculté d'avoir des consuls à Alexandrie et à Damas, lui donna des facilités pour s'approprier peu à peu tout le commerce des Indes et pour s'y maintenir contre les Génois qui le lui disputaient avec la supériorité de la mer.

Les divisions intestines des Génois n'avaient point empêché les progrès de leur commerce et de leur marine. Possesseurs du fameux port de Caffa, dans la Chersonèse taurique, de celui d'Azov à l'embouchure du Don, qui servaient d'entrepôts pour le commerce de la Chine et des Indes, de Smyrne, des îles de Scio, Mételin, Ténédos, et d'un territoire assez considérable sur le continent de l'Italie, ils avaient achevé la ruine de la marine, de la navigation et du commerce des Pisans (1292) par la conquête de l'île d'Elbe, par la destruction des ports de Pise et de Livourne, et étaient devenus pour les Vénitiens des rivaux redoutables.

Les intérêts de Venise et de Gênes se croisaient dans les mers du Levant et dans la Méditerranée. Il en résulta des guerres longues et funestes, dont la dernière et la plus mémorable fut celle de Chiozza (1376-1382). Les Génois, après une victoire signalée qu'ils remportèrent sur les Vénitiens devant Pola, dans le golfe Adriatique, pénétrèrent au sein même des lagunes de Venise, et se rendirent maîtres du port de Chiozza. Les Vénitiens, menacés jusque dans leur ville, reprirent le port de Chiozza par un effort désespéré, et remportèrent une victoire complète sur leurs rivaux. Tandis que cet échec et l'instabilité de son gouvernement précipitaient la décadence de Gênes, Venise enlevait, à la maison de Carrara, Trévise et la marche trévisane (1388), la Dalmatie au roi de Hongrie, le Frioul au patriarche d'Aquilée (1420), plusieurs villes au duché de Milan, et formait ainsi ses États de terre ferme. Elle crut trouver que ces agrandissements assuraient sa fortune ; elle n'y trouva que sa perte, car elle fut dès lors forcément mêlée à toutes les querelles des princes italiens.

Clément V, précédemment archevêque de Bordeaux, ayant été élevé au pontificat (1305), se fit couronner à Lyon, et vint fixer sa résidence dans la ville d'Avignon, pour complaire au roi Philippe le Bel, auquel il devait son élévation (1309). Ses successeurs continuèrent de siéger à Avignon jusqu'en 1376, où le pape Grégoire XI retourna à Rome. Ce séjour d'Avignon, qui choquait l'opinion dominante au delà des monts, d'après laquelle Rome seule était le vrai siége de saint Pierre, diminua l'autorité spirituelle et temporelle des papes. Les Romains, n'obéissant qu'à regret aux représentants de leur souverain, se soulevèrent à la voix de l'éloquent et audacieux Rienzi, qui s'érigea en maître de la ville, sous le titre populaire de tribun (1347). Mais le pouvoir despotique qu'il exerça sur ses concitoyens, dont il prétendait être le libérateur, le fit bientôt rentrer dans le néant, et la ville de Rome reprit son ancienne forme de gouvernement. Cependant la plupart des villes de l'État ecclésiastique, après avoir été longtemps en proie aux factions, tombèrent au pouvoir des nobles puissants, qui ne laissèrent aux papes que l'ombre de l'autorité souveraine. Le grand schisme d'Occident, les conciles de Constance et de Bâle, contribuèrent aussi à l'abaissement de l'autorité pontificale.

5. Grand schisme d'Occident.

A la mort de Grégoire XI (1378), qui avait quitté Avignon pour retourner à Rome, les Italiens élurent Urbain VI, qui établit son siége à Rome, et les cardinaux français, Clément VII, qui se fixa à Avignon. Toute la chrétienté se partagea entre ces deux papes, et le schisme dura depuis 1378 jusqu'en 1417. A Urbain VI succédèrent à Rome Boniface IX, Innocent VII et Grégoire XII, au lieu que Clément VII fut remplacé par Benoît XIII à Avignon. Après des tentatives inutiles pour déterminer les deux papes à donner leur démission, un concile fut convoqué à Pise, qui déposa les deux papes et déféra la dignité pontificale à Alexandre V (1409), remplacé plus tard par Jean XXIII. Cette élection ne fit qu'augmenter le schisme, et au lieu de deux papes, il y en eut trois.

Un nouveau concile général fut convoqué à Constance (1414), par les soins de l'empereur Sigismond. Cette assemblée célèbre essaya d'introduire le régime représentatif dans l'Église en proclamant la périodicité des conciles, ces états généraux de la chrétienté. On y soutint, en effet, la thèse de l'indissolubilité du concile, ainsi que celle de sa supériorité sur les papes, en tout ce qui tient à la foi, à l'extirpation du schisme et à la réformation de l'Église. Le schisme y fut terminé par la démission du pape romain, par la déposition de ceux de Pise et d'Avignon, et par l'élection de Martin V, qui convoqua un nouveau concile à Bâle (1431) pour la réformation de l'Église[1]. Le concile satisfit aux principaux griefs de la chrétienté contre la cour de Rome, en abolissant les *réserves*, les *grâces expectatives*, les *annates*, et en circonscrivant la liberté des appels en cour de Rome. Alarmé de ces atteintes portées à l'autorité papale, Eugène IV, successeur de Martin V, prononça deux fois la dissolution du concile (1431 et 1437), et occasionna un nouveau schisme. Eugène IV, déposé par les prélats qui étaient restés à Bâle, fut remplacé par Félix V. Ce dernier schisme dura dix ans. Enfin, Félix V donna sa démission (1449), et le concile, qui s'était retiré de Bâle à Lausanne, y mit fin à ses séances.

XII. FRANCE ET ANGLETERRE.

1. LOUIS LE GROS, PHILIPPE AUGUSTE, SAINT LOUIS, PHILIPPE LE BEL. — 2. HENRI I ET HENRI II D'ANGLETERRE; RICHARD I ET JEAN SANS TERRE. — LA GRANDE CHARTE ANGLAISE.

1. Louis le Gros, Philippe Auguste, saint Louis, Philippe le Bel.

Louis, surnommé l'Éveillé et le Batailleur, et ensuite le Gros (1108), tira la royauté française de la torpeur dans laquelle elle était plongée sous les premiers Capétiens. Il la rendit active, vigilante et lui donna pour mission de défendre le pauvre et le faible contre les violences des grands et des forts. C'est avec lui que commença la grande lutte du pouvoir royal contre la féodalité. Il fut le premier roi de France qui accorda le droit de commune à des villes de son domaine. A son exemple, les seigneurs s'empressèrent de vendre la liberté à leurs sujets. La révolution devint peu à peu générale. Dans toutes les provinces, les habitants des cités sollicitèrent des chartes, ou, sans les attendre, se formèrent de leur chef en communes, en se donnant des magistrats de leur choix, en établissant des compagnies de milices, et en s'emparant des fortifications et de la garde de leurs villes. On appelait communément maires, échevins et jurés, les magistrats des communes de la France septentrionale : syndics et consuls, ceux de la France méridionale. Avec l'appui des communes, Louis soumit les seigneurs qui refusaient de reconnaître son autorité. Il défendit les droits de Guillaume Cliton, privé du duché de Normandie par Henri Ier, roi d'Angleterre, et conclut avec ce dernier

---

[1] Le concile de Constance procéda aussi contre Jean Hus, réformateur de la Bohême et sectateur du célèbre Wiclef. Sa doctrine fut réprouvée, et lui-même brûlé à Constance, ainsi que Jérôme de Prague, un de ses zélés partisans.

la paix de Gisors (1114), bientôt suivie d'une nouvelle guerre (1116), que termina l'intervention du pape Calixte II. Après l'assassinat de Charles le Bon, comte de Flandre (1127), il s'opposa aux prétentions du roi d'Angleterre sur ce comté, et le fit donner à Guillaume Cliton, bientôt remplacé par Thierry d'Alsace, élu par les suffrages libres des Flamands. Louis VII (1137) apportait à la couronne, par son mariage avec Éléonore de Guienne, le Poitou, le Limousin, le duché de Gascogne et les comtés de Bordeaux et d'Agen ; mais son divorce les lui fit perdre en faveur du roi d'Angleterre, Henri II, nouvel époux d'Éléonore. Les prétentions de Henri sur le comté de Toulouse, l'asile offert par la France à Thomas Becket, persécuté par le roi d'Angleterre, entretinrent une rivalité que suspendit à peine la paix de Montmirail (1169), par laquelle Henri céda à ses trois fils une partie de ses possessions continentales, à la condition de l'hommage au roi de France. Henri ayant refusé d'exécuter les conditions de cette paix, ses fils passèrent à la cour de Louis, qui appuya leur révolte. Mais le siège de Rouen, qu'il entreprit avec eux, ne réussit pas, et la paix de Mont-Louis mit un terme à la querelle des deux rois (1174).

Il était réservé à Philippe Auguste, monté sur le trône à l'âge de 14 ans (1180), de réparer les fautes de ses prédécesseurs, et de prendre une supériorité décidée sur l'Angleterre. Il réduisit le comte de Flandre, qui lui disputait le Vermandois (1185), et, couvrant de sa puissance les projets parricides des princes anglais, il poursuivit, sous divers prétextes, dont plusieurs n'étaient pas sans fondement, la vieillesse de Henri II, qui mourut à Chinon (1189), après avoir signé la paix humiliante de Columbière. Revenu de la croisade, Philippe Auguste fit alliance avec Jean Sans Terre (1193), qui, en l'absence et pendant la captivité de son frère Richard, voulait s'assurer la couronne d'Angleterre. Au retour de Richard, la guerre éclata entre les deux rois en Normandie, et se termina, après le combat de Gisors (1198), par une trêve de cinq ans, conclue sous la médiation du pape Innocent III (janvier 1199). La mort de Richard suivit de près, et Philippe Auguste, rompant la trêve (avril 1199), attaqua Jean Sans Terre. Bientôt, profitant de l'assassinat d'Arthur, duc de Bretagne, dont la nation entière accusait Jean Sans Terre, il le cita devant la cour des pairs, et, sur son refus de comparaître, s'empara de la Normandie, du Maine, de la Bretagne et de quelques autres possessions importantes que le lâche monarque anglais ne sut point défendre (1206). Obligé de renoncer à la conquête de l'Angleterre, placée, par l'hommage de Jean Sans Terre, sous la protection du pape, le roi de France tourna ses forces contre le comte de Flandre, Ferrand, allié des Anglais. Dans cette guerre, l'incendie de Dam vengea la destruction de la flotte française par les Anglais. L'année suivante (1214), Jean Sans Terre fut repoussé du Poitou, tandis que Philippe Auguste remportait sur l'empereur Othon et les confédérés, aidés du secours des Anglais, la brillante victoire de Bouvines (27 juillet). Philippe Auguste, qui avait soutenu, pendant une partie de son règne, une lutte avec le saint-siége, à l'occasion de la répudiation d'Ingerburge, mourut réconcilié avec l'Église (1223). Son fils, Louis VIII, provoqué par le roi d'Angleterre, au commencement de son règne, s'empara du Poitou, et aurait conquis l'Aquitaine, s'il ne s'était, à la persuasion du pape, engagé dans une autre entreprise, la croisade contre les Albigeois.

Sous le nom général d'Albigeois, on désignait, au XII⁰ siècle, tous les sectaires, répandus surtout dans les provinces méridionales de la France, qui s'accordaient à mépriser l'autorité de l'Église, à combattre l'usage des sacrements, à renverser enfin toute l'ancienne discipline [1]. Le pape Innocent III, en publiant une croisade contre ces hérétiques (1208), souleva une guerre longue et cruelle qui dévasta le Languedoc, et durant laquelle le fanatisme fit commettre des horreurs qui font frémir l'humanité. Simon, comte de Montfort, général de la ligue des croisés, s'était fait adjuger par le pape tous les États des comtes de Toulouse. Amauri, fils et héritier du comte Simon, abandonna ses prétentions sur ces pays à Louis VIII (1224), qui se mit à la tête des croisés (1226). Il mourut à la suite de cette expédition, et laissa à son successeur, Louis IX, le soin de terminer cette guerre désastreuse.

La minorité de Louis IX ou saint Louis fut troublée par les prétentions des grands vassaux, qui disputaient la tutelle du prince à la reine Blanche. Mais l'appui de Thibaut, comte de Champagne, fit triompher la régente; et la paix de Meaux (1229), qui termina la guerre des Albigeois de la manière la plus favorable à la couronne, en lui assurant la partie principale du Languedoc et la succession éventuelle du comte de Toulouse, lui permit de porter toutes ses forces contre le duc de Bretagne, qui, malgré son alliance avec le roi d'Angleterre Henri III, fut obligé de se soumettre (1234). Saint Louis déclaré majeur (1236), fit éclater sa modération quatre ans plus tard, en refusant, pour son frère Robert, la couronne impériale que lui proposait Grégoire IX, et en se plaçant comme arbitre entre ce pape

---

[1] Ces hérétiques furent nommés Albigeois, soit à cause du concile d'Albi, qui anathématisa leurs erreurs, soit parce que les premiers croisés qui les combattirent furent envoyés contre les terres de Raymond-Roger, vicomte d'Albi. Une suite de la guerre des Albigeois fut l'établissement du tribunal de l'inquisition et la fondation de l'ordre des dominicains.

et l'empereur Frédéric II, qu'il avait excommunié. Les victoires de Taillebourg et de Saintes, remportées sur le roi d'Angleterre, qui était venu au secours de quelques vassaux ligués contre Louis, venaient de terminer la guerre de Saintonge, et d'amener la soumission du comte de la Marche (1242), lorsqu'une maladie qui mit ses jours en danger inspira au prince le vœu d'une croisade pour délivrer la terre sainte (1244). Le caractère de saint Louis et son amour pour la justice éclatèrent surtout dans le traité de 1259, par lequel, après des concessions mutuelles, Henri III se reconnut son vassal et fit hommage pour l'Aquitaine. Son désintéressement le fit prendre pour arbitre par le roi d'Angleterre et ses barons. Lorsque Philippe III le Hardi succéda à son père (1270), le midi conquis permettait aux rois de France de porter leurs armes au delà des Pyrénées. Ce prince soumit la Navarre, qui refusait d'obéir à Jeanne, fille de Henri, mort en 1274, et qui épousa plus tard Philippe, fils du roi de France. Moins heureux dans une expédition en Castille, il ne put délivrer les infants de Lacerda, prisonniers de Pierre III d'Aragon, allié du roi de Castille, et il périt (1285) au retour d'une expédition plus malheureuse encore en Aragon, suite de la rivalité de Pierre III et de Charles d'Anjou.

Philippe IV le Bel, son successeur, continua la guerre d'Aragon, terminée par le traité de Tarascon, qui mit fin à la rivalité des maisons d'Anjou et d'Aragon (1290), et qui fut confirmé par celui d'Anagni (1295). L'ombrage que faisait au roi de France l'accroissement de puissance du roi d'Angleterre lui fit saisir le premier prétexte qui se présenta de recommencer la guerre entre les deux peuples. Les Anglais ne purent tenir dans la Guienne et la Gascogne; les Flamands, leurs alliés, furent battus à Furnes (1297), et la Flandre réunie à la couronne (1299). Mais la révolte des Flamands contre la domination française et la bataille de Courtray, fatale à nos armes (1302), disposèrent Philippe à la paix, que le roi d'Angleterre, qui venait de perdre trois armées contre le roi d'Écosse, allié de la France, accepta volontiers (1303). Deux ans après, les Flamands, battus à Monts-en-Puelle (1305), signèrent un traité par lequel la Flandre en deçà de la Lis, fut réunie à la couronne, et le reste assuré à Robert de Béthune, sous la suzeraineté de la France. Les démêlés avec le pape Boniface VIII, qui s'était érigé en juge souverain entre le roi et son vassal le comte de Flandre, occupent une place importante dans le règne de Philippe le Bel. Le pape, arrêté par les Français dans Anagni, alla mourir à Rome, quelques jours après sa délivrance, en faisant éclater un courage et une grandeur d'âme capables d'excuser l'injustice de ses prétentions. Clément V, élu (1305) sous l'influence de Philippe le Bel, transporta le siége pontifical à Avignon, et consentit, dit-on, à la suppression de l'ordre des Templiers, commandée par une bonne politique, mais dont la spoliation et le supplice déshonorèrent ce règne (1312).

Le règne de Louis X le Hutin (1314) commença par la disgrâce et le supplice des conseillers de son père, et fut illustré par plusieurs chartes, principalement par celle qui donnait aux serfs le droit de se racheter de l'esclavage. Ce prince mourut à Vincennes, à la suite d'une expédition sans succès contre les Flamands (1316). Philippe V le Long, d'abord régent jusqu'à la mort de Jean, fils posthume de Louis, parvint au trône sur la déclaration des états, qui exclurent, en vertu de la loi salique, Jeanne, fille de Louis. Les états s'assemblèrent trois fois sous son règne (1317, 1319, 1321), et rendirent un grand nombre de lois sages et libérales. Charles V le Bel, son frère et son successeur (1322), s'occupa activement et avec une sévérité éclairée des intérêts du peuple et des soins du gouvernement. Il se porta pour médiateur entre les Flamands et leur comte Louis de Rethel (1326). La faveur d'Isabelle, sa sœur, reine d'Angleterre, l'aida à acquérir l'Agénois et la possession provisoire de toute la Guienne. Charles mourut, ne laissant qu'une fille (1328), après avoir inutilement disputé la couronne impériale à Louis de Bavière. Avec lui finit la race des Capétiens directs.

2. Henri I et Henri II d'Angleterre; Richard I et Jean sans Terre. — La grande charte.

Guillaume le Roux, second fils du Conquérant, régna après lui (1087) et eut pour successeur son frère Henri Ier (1100). La captivité et la mort de Robert, frère aîné de ce prince et duc de Normandie, armèrent le roi de France contre Henri, qui fut forcé à demander la paix, malgré le secours formidable que lui avait amené l'empereur Henri V. Étienne, comte de Boulogne, petit-fils du Conquérant par sa mère, succéda à Henri Ier (1135), au détriment de Mathilde, fille de ce roi; mais la veuve de l'empereur Henri V, devenue l'épouse de Geoffroy Plantagenet, comte d'Anjou, réclama la couronne de son père, et fut appuyée par David, roi d'Écosse. Après des succès et des revers, Étienne désigna pour son successeur Henri Plantagenet, et la paix fut rétablie (1153). Henri II (1154) enleva à la France une partie de ses provinces de l'ouest par son mariage avec Éléonore de Guienne. Dans sa querelle avec Becket, archevêque de Cantorbéry, défenseur intrépide des priviléges de l'Église d'Angleterre, il eut pour adversaire constant le roi de France, et fut réduit, après l'assassinat de ce prélat, à faire pénitence sur son tombeau. Sous ce règne, i'Irlande et l'Écosse reconnurent la suzeraineté du royaume d'Angleterre. Avant de mourir, Henri se réconcilia avec ses fils, dont le roi de France avait soutenu la révolte (1175). Pendant la captivité de Richard Cœur de Lion dans le Tyrol, son frère Jean, malgré l'opposition du chancelier Guillaume de Longchamp, chercha à usurper la couronne d'Angleterre; mais il fut heureux, au retour de son frère, d'obtenir son pardon. Après des hostilités sans importance avec le roi de France, Richard périt au siége de Chalus (1190), dans une guerre contre le vicomte de Limoges. Jean, parvenu à la couronne, et ayant affermi son usurpation par le meurtre d'Arthur de Bretagne, l'héritier légitime, se vit enlever ses provinces françaises, moins l'Aquitaine, par Philippe Auguste (1204). L'opposition qu'il mit à la consécration d'Étienne Langton au siége de Cantorbéry attira sur lui l'excommunication et l'interdit sur son royaume (1207). Pour détourner la vengeance de l'Église, dont Philippe Auguste s'était fait le ministre, il se reconnut vassal du saint-siége (1213). Battu au passage de la Loire, tandis que ses alliés l'étaient à Bouvines, il ne rentra en Angleterre que pour se voir arracher, par la révolte générale des barons, la concession de la *grande charte* (1215). Par cette charte, qui, renouvelée sous les règnes suivants, sert encore aujourd'hui de base à la constitution de l'Angleterre, Jean se dépouilla, lui et ses successeurs, de la faculté d'exiger des subsides sans l'avis du commun conseil ou du parlement; il renouvela à la ville de Londres et à toutes les villes et bourgs du royaume leurs anciennes libertés et franchises; il assura la vie et la propriété du citoyen, qui ne put désormais être arrêté, emprisonné, privé de ses biens et de la vie que par un jugement de ses pairs. Indignés contre leur roi, qui avait fait casser cette charte par Innocent III, les barons anglais appelèrent au trône Louis, fils de Philippe Auguste. Ce prince s'empara de Londres, fut proclamé roi, et obligé bientôt après de céder le trône à Henri III, fils de Jean sans Terre (1217). Trois confirmations successives de la grande charte marquèrent les premières années du règne de Henri. De 1241 à 1243, il soutint le comte de la Marche contre saint Louis, et accepta, après les défaites de Taillebourg et de Saintes, la trêve de Bordeaux, qui lui laissa la Guienne, à la condition de l'hommage-lige. Plus malheureux encore dans ses États, il se vit réduit par ses barons révoltés à jurer les *statuts d'Oxford* (1258). La violation de ce serment fait reprendre les armes aux barons, et la médiation de saint Louis ayant échoué, Henri et Richard, son frère, battus à Lewes, durent donner pour otages leurs fils Édouard et Henri (1264). Montfort, l'auteur de toutes ces révolutions, périt à la bataille d'Évesham (1265), gagnée par le prince Édouard, et dont le résultat fut le rétablissement de l'autorité

royale. Édouard Ier (1272) parvint, après plusieurs révoltes, à soumettre le pays de Galles; mais il fut moins heureux en Écosse. Après
des alternatives de révolte et de soumission, les Écossais, vaincus à la
bataille de Falkirk (1298), retrouvèrent de nouvelles forces. Aidés par
la diversion puissante de Philippe le Bel, ils bravèrent, sous la conduite de Robert Bruce, les armées d'Édouard, que la mort arrêta dans
ses projets de vengeance (1307). Édouard II, livré à un indigne favori, Gaveston, fut d'abord forcé de l'éloigner et d'abandonner l'administration du royaume à une commission du parlement. Le rappel du
favori causa une seconde révolte, qui se termina par son supplice (1312).
Réconcilié ainsi avec ses barons, Édouard tourna ses armes contre
l'Écosse; mais ses défaites à Bannock-Burn et à Blacmar assurèrent
le trône d'Écosse à Robert Bruce (1323). Isabelle de France, femme
d'Édouard, avait embrassé le parti des barons irrités de la faveur des
Spencer. Elle fit déposer son époux par un arrêt du parlement, livrer
au supplice les deux favoris, et permit qu'Édouard lui-même pérît
d'un horrible supplice (1327).

XIII.

**1. RIVALITÉ DE LA FRANCE ET DE L'ANGLETERRE DEPUIS PHILIPPE DE VALOIS ET
ÉDOUARD III. — GUERRE DE CENT ANS. — CHARLES V, CHARLES VI, CHAR-
LES VII.—2. COMMENCEMENT DE LA GUERRE DES DEUX ROSES EN ANGLETERRE.**

1. Guerre de cent ans. — Charles V, Charles VI, Charles VII.

La rivalité entre la France et l'Angleterre, qui avait pris naissance
dans la période précédente, reprit une nouvelle vigueur à l'avénement
des Valois. Jusqu'alors les deux nations ne s'étaient querellées que
pour quelques territoires ou provinces; à présent il s'agissait de la
succession même au trône de France. Édouard III, roi d'Angleterre
(1327), neveu de Charles IV par sa mère Isabelle de France, récla-
mait la succession contre Philippe VI de Valois, cousin germain du
même Charles IV. Cependant les états de France s'étant décidés en
faveur de Philippe (1328), en exécution de la loi salique, le roi d'Angleterre prêta foi et hommage à ce prince pour le duché de Guienne
(1329). Le roi de France remporta sur les Flamands révoltés la victoire de Cassel (1328), et rétablit dans ses droits son vassal le comte
Louis de Nevers. Le roi d'Angleterre remporte sur le roi d'Écosse
David Bruce la victoire d'Halidon-Hill (1334), mais ne peut maintenir
sur le trône Baillol, son protégé. Bientôt les contestations toujours
pendantes à l'égard de la Guienne, les prétentions mal dissimulées
d'Édouard à la couronne de France, la destruction de la ville de

Saintes par Philippe, et son alliance avec le roi d'Écosse, enfin le refus d'Édouard de livrer Robert d'Artois, à l'instigation duquel il s'était déclaré roi de France, firent éclater, malgré la médiation de Benoît XII, une rupture ouverte entre les deux couronnes. D'un côté, les succès des Français dans le midi et les côtes d'Angleterre ravagées par leurs marins; de l'autre, l'appui de Jacques d'Artevelle, brasseur de Gand, qui avait fait révolter la Flandre en faveur d'Édouard, et la destruction de la flotte française, près de l'Écluse, amenèrent une trêve entre les deux partis, par l'influence de Jeanne de Valois et de Benoît XII (1340). La succession du duché de Bretagne (1341) renouvela les hostilités. Édouard soutint la cause du comte de Montfort contre les prétentions de Jeanne de Penthièvre, reconnues légitimes par la cour des pairs. Une nouvelle trêve intervint (1343); mais le supplice d'Olivier Clisson et de quelques autres seigneurs bretons dévoués aux Anglais remit les armes aux mains des deux rois (1346). L'assassinat d'Artevelle et de ses partisans affaiblit l'influence d'Édouard en Flandre; mais les succès du comte de Derby dans le midi forcèrent Philippe à réunir les états-généraux. La conquête de la Normandie par les Anglais et leur marche en Picardie furent signalées par la défaite des Français à Crécy (26 août 1346) et la prise de Calais (1347), suivie d'une trêve ménagée par le pape Clément VI (1348), et qui, conclue pour un an, se prolongea jusqu'en 1355. Pendant qu'Édouard triomphait à Crécy, sa courageuse épouse Philippine de Hainaut gagnait sur le roi d'Écosse David Bruce la bataille décisive de Nevil's Cross, et faisait ce prince prisonnier. Philippe VI mourut à Nogent le Roi (1350), après avoir réuni à la couronne la seigneurie de Montpellier et le Dauphiné. Le premier soin de son successeur Jean fut d'assembler les états-généraux (1351). Il les réunit encore après l'envahissement de l'Artois par Édouard (1355) et du Languedoc par le prince de Galles. Il en obtint, à condition de les réunir tous les ans, des secours considérables, malgré la funeste influence du roi de Navare, Charles le Mauvais, qu'il fit plus tard prisonnier et dont plusieurs complices furent punis de mort. Les succès du prince de Galles dans le midi appelèrent bientôt le roi auprès de Poitiers, où, vaincu et fait prisonnier (19 septembre 1356), il laissa le royaume aux mains du dauphin Charles.

Les réclamations, justes en elles-mêmes mais inopportunes, des états généraux (1357) eussent exposé le royaume sans défense aux attaques des Anglais, si Édouard épuisé n'eût trouvé plus de résistance encore dans son parlement et consenti à une trêve de deux ans. Charles essaya de profiter de cette trêve pour se débarraser de la surveillance à laquelle l'avaient soumis les états généraux; mais cette imprudence rendit la force aux factieux, lorsque ce prince se vit dans la nécessité de les réunir (1357). Le roi de Navarre, mis en liberté, massacra les défenseurs du dauphin, le força de fuir, domina un instant dans Paris avec l'appui d'Étienne Marcel, et s'y fût peut-être maintenu, sans la fermeté de l'échevin Maillard qui conserva Paris au régent. La paix de Pontoise (août 1359) termina la guerre civile, en même temps qu'une défense bien concertée mettait un terme aux fureurs de la *Jacquerie*. La guerre recommença avec l'Angleterre par le refus des états généraux de sanctionner le traité qui stipulait à un très-haut prix la délivrance du roi. Édouard entra en France, et s'avança jusque sous les murs de Paris (1360); mais, forcé à la retraite par l'énergie de la défense, il consentit aux négociations qui amenèrent le traité de Bretigny (1360). Jean, rendu à la liberté, et ayant appris qu'un de ses otages avait violé la parole donnée à Édouard, retourna en Angleterre et mourut en captivité (avril 1364). L'avénement de Charles V ne changea rien à la paix de Bretigny. Les possessions du roi de Navarre en Normandie lui furent enlevées par Boucicaut, et ses troupes battues par Duguesclin. Ce prince, tout occupé de ses querelles avec les rois de Castille et d'Aragon, ne conserva, par le traité de Paris, de ses possessions en Normandie, que le comté d'Évreux. Dès la première année du règne de Charles V, la mort de Charles de Blois, tué à la bataille d'Auray, avait amené le traité de Guérande (1365), qui termina, en faveur du comte de Montfort, la longue guerre de la succession de Bretagne. Au retour de son expédition en Castille, pour rétablir sur le trône Pierre le Cruel, détrôné en faveur de son frère Henri de Transtamare par Duguesclin, le prince de Galles commit des exactions révoltantes dans la Guienne : dénoncé au roi de France par les barons, il refusa de comparaître, et la guerre recommença (1369). Charles, allié du roi de Castille Henri de Transtamare, et sûr, par sa sagesse et sa loyauté, du dévouement de ses États, vit ses armes victorieuses sur tous les points : en Aquitaine, où il soumit le Querci, le Rouergue et le Limousin; en Picardie, où le duc de Lancastre fut tenu en échec par le duc de Bourgogne; sous les murs de Paris, d'où Robert Knolles fut chassé par Duguesclin. La flotte des Anglais, détruite devant la Rochelle par la marine castillane (1372), ouvrit au connétable Duguesclin le Poitou, qui fut bientôt soumis aux armes françaises, ainsi que la Bretagne, d'où le duc de Montfort, partisan de l'Angleterre, fut forcé de s'enfuir et trouva un asile auprès d'Édouard III. Le duc de Lancastre traversa la France de Paris à Bordeaux, et n'arriva dans cette ville qu'avec les débris de son armée. Les Anglais, décou-ragés, acceptèrent la trêve de Bruges, qui confirmait toutes les conquêtes de la France (1375). Pendant cette trêve moururent le prince de Galles et le roi d'Angleterre (1376-1377), laissant le trône à un enfant. La minorité de Richard II fut signalée par des troubles excités par un artisan, Wat-Tyler, et les prédications du prêtre John Ball, disciple de Wiclef, et par une guerre en Écosse qui n'empêcha pas Robert Stuart d'affermir sur sa tête la couronne de ce royaume (1385). Charles V, profitant de la minorité du roi d'Angleterre, avait attaqué à la fois les Anglais sur leurs côtes, en Picardie et en Aquitaine, avait été partout vainqueur, avait soumis, par la valeur de Duguesclin, toutes les villes que possédait dans la Normandie, sous la mouvance de la France, Charles de Navarre, allié du prince anglais. La dernière année du règne de Charles V (1380) fut agitée par la révolte du Languedoc, excitée par les exactions de son frère, et à laquelle il mit fin; celle de la Flandre; et celle de la Bretagne, qui rendit et conserva à Montfort la couronne ducale, malgré les efforts du roi.

La cupidité du duc d'Anjou, régent du royaume, fit hâter l'émancipation du nouveau roi, Charles VI, sacré à l'âge de onze ans (1380). La nécessité d'avoir recours à des subsides jusque-là inusités excita à Paris une sédition violente, connue sous le nom de *révolte des maillotins,* et une autre à Rouen. L'administration du duc de Berry dans le Languedoc, mal accueillie par le peuple, qui le battit à Revel, sous les ordres du comte de Foix, fut marquée par la tyrannie et les supplices, et par les dévastations des paysans (tuchins) réduits à l'extrémité. En Flandre la lutte était plus énergique encore entre la noblesse et le peuple. Le fils d'Artevelle, maître de Bruges, l'était aussi de tout le comté, lorsque Charles VI vainquit et extermina l'armée flamande à Rosebecque (1382). Il profita de cette victoire pour se venger des Parisiens, qu'il accabla d'impôts. Mais la garnison d'Ardenbourg, massacrée par François Ackermann, l'envahissement de la Flandre maritime par les Anglais, et la mort du comte Louis, rappelèrent bientôt Charles VI. Une trêve fut signée en 1384, et confirmée l'année suivante par la paix de Tournay. Les principaux événements des dix années suivantes (1385-1395) furent : quelques expéditions heureuses dans le midi contre les Anglais; la disgrâce des oncles du roi, suite de la guerre contre le duc de Gueldre, et le rappel des ministres de Charles V; l'administration du Languedoc réformée; les troubles élevés en Bretagne par l'inimitié de Jean de Montfort et de Clisson, prévenus par la paix de Tours; de nouvelles trêves signées avec l'Angleterre, et dont la dernière, qui devait durer vingt-huit ans, stipula le mariage de Richard II avec la fille de Charles VI, et la restitution de Brest et de Cherbourg par les Anglais; enfin la funeste démence de Charles VI, à la suite de laquelle deux factions, celle de son oncle, le duc de Bourgogne, et celle de son frère, le duc d'Orléans, qui se contestaient mutuellement la régence, partagèrent la cour et mirent le feu au quatre coins du royaume. En Angleterre, la restitution de Brest et de Cherbourg avait soulevé contre Richard II le peuple fatigué de sa tyrannie. Au retour d'une expédition contre l'Irlande révoltée, il fut forcé d'abdiquer la couronne, et mourut de mort violente, captif à Pontefract (1399). Le règne de Henri IV de Lancastre, son meurtrier et son successeur, se passa au milieu de révoltes fréquentes qui ne furent point compensées par une expédition sans succès sur les frontières d'Écosse.

En France, Charles VI ayant, dans un moment lucide, établi un conseil de régence sous la présidence d'Isabeau de Bavière, sa femme, le duc d'Orléans, maître de l'esprit de cette princesse, y fit prévaloir son influence, et la pacification de Vincennes (1405) dut régler les prétentions respectives des princes et arrêter la guerre civile. Mais l'assassinat du duc d'Orléans (1407) fit passer le pouvoir entre les mains de son meurtrier Jean sans Peur, duc de Bourgogne, appuyé de plusieurs seigneurs et de la reine Isabelle, tandis que le fils du duc assassiné épousait la fille du comte d'Armagnac (1410), s'alliait à toute la noblesse de Gascogne et aux ducs de Bretagne, de Bourbon et de Berry. La guerre civile commença, signalée dans le parti des Bourguignons par les horreurs des cabochiens, et de la part des deux partis par leur empressement à rechercher l'alliance du roi d'Angleterre. Après une paix impuissante conclue à Bourges, les troubles se renouvelèrent, sans que les états généraux assemblés (1413) trouvassent aucun moyen d'y porter remède. Cependant les excès des cabochiens excitèrent une réaction contre les Bourguignons, et Jean sans Peur fut obligé d'accepter la paix d'Arras (1414). L'administration du dauphin se montra impuissante à guérir tant de maux, et n'opposa qu'une défense incomplète aux attaques de Henri V, qui, après avoir découragé par des supplices les principes niveleurs des lollards, mieux affermi sur le trône que ses deux prédécesseurs Richard II et Henri IV, prétendait faire revivre les droits consacrés par le traité de Bretigny. La victoire d'Azincourt, dont ce prince ne sut pas profiter, n'en fut pas moins un des grands malheurs du règne désastreux de Charles VI (25 décembre 1415). La tyrannie du comte d'Armagnac, maître de Paris, fit désirer de nouveau les succès du duc de Bourgogne. Paris lui fut livré par trahison (18 mai 1418), et les partisans d'Armagnac, enfermés dans les prisons, furent massacrés par la populace aux ordres du bourreau Capeluche, auquel le duc de Bourgogne fit trancher la tête. Les négociations restaient inutiles entre les Bourguignons et les Armagnacs, qui continuaient à se livrer de sanglants combats sur tous les points du royaume, tandis que le roi d'Angleterre, flattant l'espérance des deux partis, s'emparait de Rouen et prenait le titre de roi de France. A cette nouvelle ; il y eut entre les deux partis une trêve qui fut signalée par l'assassinat de Jean sans Peur sur le pont de Montereau, sous les yeux mêmes du dauphin (1419). Le nouveau duc de Bourgogne, Philippe le Bon, pour venger la mort de son père, dont il accusait le dauphin, livra la France à Henri V par le traité de Troyes (1420), qui, reconnu par les états généraux et sanctionné par le parlement, donnait au roi d'Angleterre la main de Catherine de France, fille de Charles VI, avec le titre de régent du royaume et d'héritier de la couronne. Le dauphin Charles, reconnu roi dans le midi, opposa les états généraux de Poitiers à ceux de Paris ; et la victoire de Baugé, remportée sur les Anglais, le despotisme de Henri V, sa mort (31 août 1422) qui laissait ses deux royaumes à un enfant de huit mois, et celle de Charles VI, qui lui survécut peu (19 octobre 1422), marquèrent une nouvelle période de cette longue lutte.

Le commencement du règne de Charles VII fut signalé par une suite de revers que ne purent compenser les prétentions impérieuses du connétable de Richemont, défait presque partout par les Anglais. Ceux-ci, commandés en l'absence du duc de Bedford, oncle et tuteur de Henri VI, par Salisbury, mirent le siége devant Orléans où s'étaient enfermés Dunois, Xaintrailles et d'autres chevaliers. Après plusieurs défaites essuyées par les assiégeants, la ville était sur le point de se rendre, lorsque parut Jeanne d'Arc. Saintement inspirée par l'amour de la patrie et la haine de l'Anglais, l'héroïque jeune fille ranima les courages, força les Anglais à lever le siége, et, s'ouvrant un chemin au milieu des ennemis, conduisit Charles à Reims, où il fut sacré (1429). Deux ans après (1431), elle tomba à Compiègne au pouvoir des Anglais, qui, par une lâche et monstrueuse vengeance, la condamnèrent, comme sorcière, au supplice du feu. Cependant le duc de Bourgogne, régent de France pour l'Angleterre, entama avec Charles VII des négociations qui amenèrent une trêve de deux ans, tandis que le couronnement de Henri VI à Paris (1431) faisait éclater davantage la haine des Français pour la domination étrangère. Les conférences d'Arras, interrompues avec les ministres anglais à cause de leurs prétentions injurieuses, furent reprises, après la mort de Bedford, entre Charles et le duc de Bourgogne, qui se détacha loyalement du parti anglais. Paris ouvrit ses portes à Charles VII ; les états d'Orléans votèrent les subsides nécessaires pour assurer l'indépendance nationale, et, malgré les désordres de la *Praguerie*, les Anglais, battus en plusieurs rencontres, chassés du Poitou, de l'Anjou, de la Saintonge, et forcés de lever le siége de Dieppe, acceptèrent la trêve de Tours, qui suspendit les hostilités pendant deux années (20 mai 1444), et fut sanctionnée par le mariage de Marguerite d'Anjou et de Henri VI. Une expédition sous les ordres du dauphin contre les Suisses, et une autre en faveur de René d'Anjou contre les Lorrains révoltés, fournirent à Charles VII les moyens de jeter hors du royaume l'ardeur désastreuse des gens de guerre accoutumés au pillage. La rupture du traité de Tours renouvela la guerre entre la France et l'Angleterre (1448). La Normandie, inutilement défendue par Thomas Kyriel, fut soumise par le duc de Bretagne et le connétable de Richemont, et Dunois acheva la conquête de la Guienne par la prise de Bordeaux et de Bayonne (1451). Reprise une seconde fois par les Anglais, la première de ces villes rentra, en 1453, sous l'autorité de la France pour n'en plus sortir. Ainsi fut consommée l'entière et irrévocable expulsion des Anglais, qui ne possédèrent plus que Calais sur le continent; et Suffolk, accusé par le mécontentement public de la perte de tant de provinces, fut condamné au bannissement et assassiné en mer.

L'autorité royale prit un nouvel essor, sous le règne de Charles VII, par l'expulsion des Anglais et par les nombreuses réunions qui en furent la suite. Le système féodal, qui jusqu'alors avait été prédominant en France, tomba insensiblement en décadence. Charles fut le premier roi qui établit une milice permanente et qui apprit à ses successeurs à se passer de la milice féodale. Les compagnies d'ordonnance sont de l'institution de ce prince; et, pour subvenir aux frais de leur entretien, il ordonna, de sa propre autorité, la levée d'un impôt appelée *la taille des gens d'armes* (1445). Au moyen de ces établissements, les rois obtinrent un tel ascendant sur les vassaux, qu'ils se trouvèrent en état de leur faire la loi, et d'abattre, avec le temps, le système féodal. Les seigneurs les plus puissants devinrent faibles contre un souverain toujours armé; et les rois, maîtres des impositions, se dispensèrent peu à peu de la nécessité de convoquer les états généraux. Le même prince assura les libertés de l'église gallicane contre les entreprises de la cour de Rome, par l'acceptation solennelle de plusieurs décrets du concile de Bâle, qu'il fit ordonner dans un concile national assemblé à Bourges, et publier sous le nom de *pragmatique sanction* (1438).

2. Commencement de la guerre des deux Roses.

Ce fut sous le faible règne de Henri IV (branche de Lancastre ou rose rouge) que la branche d'York (rose blanche) commença à faire valoir ses droits à la couronne et que la guerre éclata entre les deux roses. Richard d'York, appuyé sur le mécontentement qui éclata en Angleterre à l'occasion du mariage de Marguerite d'Anjou et de Henri VI, et de la mort violente du duc de Glocester, prit les armes en 1452, et afficha hautement ses prétentions à la couronne. Nommé *lieutenant* et *protecteur* du royaume, après la victoire de Saint-Albans. (1455) où il fit le roi prisonnier, il se fit déclarer héritier présomptif du trône après celle de Northampton. Il touchait ainsi au but de son ambition, lorsqu'il fut vaincu et tué à Wakefield (1460). Mais son fils Édouard devait être plus heureux. Vainqueur à la Croix de Mortimer, pendant que Marguerite, victorieuse à Saint-Albans, délivrait Henri VI, il s'avança jusqu'à Londres, où il fut proclamé roi (1461). La déroute des Lancastriens à Towton, la fuite de Marguerite et de Henri en Écosse, son élection renouvelée par le parlement, eussent affermi la couronne sur sa tête, si Warwick, irrité du crédit de la famille de Wideville, n'eût rappelé Henri VI. Mais ce prince, retombé entre les mains d'Édouard, vit toutes ses espérances détruites par la mort de Warwick, la bataille de Tewkesbury, la captivité de Marguerite et le meurtre de son fils (1471). Édouard, désormais sans rival, tranquille du côté de la France par le traité de Péquigny, se livra à son penchant pour la mollesse et la cruauté, et sacrifia le duc de Clarence à l'ambition de Glocester. Ce dernier, à qui en mourant (1483) il avait confié ses fils, les fit assassiner et fut proclamé sous le nom de Richard III. Son règne ne fut pas de longue durée. Il échappa à un complot dirigé par le duc de Buckingham, et fut reconnu par le parlement; mais vaincu et tué à Bosworth (1485). il céda le trône à Richmond, héritier de Lancastre et fondateur de la dynastie des Tudors, sous le nom de Henri VII.

Le véritable vaincu dans cette longue lutte, ce fut l'aristocratie anglaise, décimée dans les batailles, dépouillée par les proscriptions. La loi qui permit aux nobles d'aliéner leurs terres, leur porta un coup plus funeste encore. Ils quittèrent, pour vivre à la cour, le séjour de leurs châteaux antiques, où ils régnaient en souverains depuis la conquête, et renoncèrent à cette hospitalité fastueuse par laquelle ils avaient si longtemps entretenu la fidélité de leurs vassaux.

XIV. ESPAGNE ET PORTUGAL; GRECS ET TURCS.

1. KHALIFAT DE CORDOUE. — ROYAUMES CHRÉTIENS D'ESPAGNE. — 2. PREMIÈRES CONQUÊTES ET DÉCOUVERTES DES PORTUGAIS. — 3. EMPIRE GREC DEPUIS LES CROISADES. — TURCS OTTOMANS; BAJAZET ET TAMERLAN. — PRISE DE CONSTANTINOPLE PAR MAHOMET II.

1. Khalifat de Cordoue. — Royaumes chrétiens d'Espagne.

Arabes. Les khalifes de Cordoue ou d'Occident essayèrent de réunir, par un tolérance adroite, sous une même autorité, les musulmans et les chrétiens qui n'avaient point cherché un asile à leur liberté dans les Asturies. Ils s'entourèrent d'une grande magnificence, et ouvrirent les écoles de Cordoue aux sciences et aux arts. Mais leur autorité, fondée sur la révolte et la conquête, eut à lutter longtemps contre les intrigues des khalifes Abbassides, et se défendit avec moins de succès contre les Asturies indomptées et les successeurs de Pélage, qui avaient déjà commencé avec succès cette lutte de sept siècles qui devait se terminer par l'entière expulsion des infidèles.

La domination des Ommiades en Espagne fut bouleversée dans le XIᵉ siècle. Un soulèvement arriva à Cordoue contre le khalife Hescham. Ce prince fut détrôné, et la dynastie des Ommiades d'Espagne finit avec lui (1030). Les gouverneurs des villes et provinces et les principaux seigneurs arabes s'érigèrent en souverains, en prenant le titre de rois; et on vit se former autant de petits royaumes mahométans en Espagne qu'il y avait de villes principales. Les plus considérables étaient les royaumes de Cordoue, de Séville, de Tolède, de Lisbonne, de Saragosse. de Tortose, de Valence, de Murcie, etc. Ce démembrement du khalifat facilita aux états chrétiens de l'Espagne les moyens de s'agrandir aux dépens des infidèles. C'étaient alors, outre les royaumes de Léon et de Navarre, le comté de Castille démembré du royaume de Léon, et le comté de Barcelone qui reconnaissait la suzeraineté des rois de France. Sanche le Grand, roi de Navarre, réunit ces différentes souverainetés, à l'exception du comté de Barcelone; mais il fit perdre aux chrétiens la supériorité que cette réunion de leurs forces devait leur donner sur les mahométans, en partageant ses états entre ses fils. Don Garcie, l'aîné, eut la Navarre; don Ferdinand fut roi de Léon et de Castille; et don Ramire devint la souche de tous les rois d'Aragon. Dès lors l'Espagne, divisée en plusieurs souverainetés chrétiennes et mahométanes, présenta en quelque sorte un continent à part, théâtre continuel de troubles et de carnage, et dont les intérêts n'avaient presque rien de commun avec le reste de l'Europe.

Navarre. Le royaume de Navarre, moins à la portée des conquêtes, par sa position topographique, que les autres royaumes chrétiens d'Espagne, resta à peu près dans son premier état de médiocrité. Il passa successivement par les femmes dans différentes maisons. Blanche de Navarre, fille du roi Sanche VI, le transféra dans celle des comtes de Champagne (1234). A l'extinction des mâles de cette maison avec Henri Ier (1274), Jeanne, sa fille, porta ce royaume, avec les comtés de Champagne et de Brie, dans la maison de France. Philippe le Bel, époux de cette princesse, et ses trois fils, Louis le Hutin, Philippe le Long et Charles le Bel, furent à la fois rois de France et de Navarre. Enfin la reine Jeanne II, fille de Louis le Hutin, transféra ce royaume dans la maison des comtes d'Évreux, en abandonnant les comtés de Champagne et de Brie à Philippe de Valois (1336).

Aragon. L'Aragon sembla de bonne heure destiné à donner des rois à toute l'Espagne chrétienne. Sanche Ier joignit la Navarre à ses États (1076); Alphonse Ier y réunit les royaumes de Castille et de Léon (1109), et remporta de brillantes victoires sur les Maures de l'Èbre et sur les Almoravides; mais sa défaite à Fraga, suivie de sa mort, fit perdre un moment à l'Aragon toute son importance, et la Navarre recouvra ses rois (1134). Le royaume fut relevé par une nouvelle famille, celle des comtes de Barcelone, qui monta sur le trône par le mariage de Raymond Bérenger IV avec Pétronille, fille et héritière de Ramire II (1137). Maîtres de la Provence et du Roussillon, de Marseille et de Barcelone, les rois d'Aragon devinrent redoutables aux musulmans sur terre et sur mer. Jayme Ier, surnommé le Conquérant, leur enleva le royaume de Valence et les îles Baléares (1230). Il donna ces îles, avec les comtés de Roussillon et de Montpellier, à son second fils Jayme, qui fut la tige des rois de Majorque, dont le dernier Jayme III, vendit Montpellier à la France (1349). Son fils aîné, Pèdre III, dépouilla Charles Ier d'Anjou de la Sicile [1], et s'attira par cette conquête une violente persécution de la part du pape Martin IV, qui alla jusqu'à publier une croisade contre lui, et à adjuger ses états à Charles de Valois, second fils de Philippe le Hardi. Son fils, Jayme II, réconcilié avec le saint-siège, obtint du pape Boniface VIII (1297) l'investiture de la Sardaigne, à la charge de se reconnaître vassal et tributaire du saint-siège pour ce royaume, dont il fit la conquête sur

---

Frédéric II, second fils de Pèdre III, forma une branche particulière des rois de Sicile, à l'extinction de laquelle ce royaume revint aux rois d'Aragon (1409).

les Pisans, et qui fut défendu avec succès contre les Génois par Pèdre IV. Enfin Alphonse V, le Magnanime, ayant dépouillé les Angevins de la seconde race du royaume de Naples, établit une branche particulière de rois de Naples.

Castille et royaumes arabes. Les principaux succès des chrétiens contre les mahométans d'Espagne furent réservés aux rois de Castille. Alphonse VI, après avoir réuni (1073) les royaumes de Léon et de Castille, séparés après la mort de Ferdinand 1er, conquis Madrid et Tolède et réduit tout le royaume de Tolède (1085), était sur le point d'expulser les musulmans de l'Espagne, lorsqu'ils appelèrent à leur secours les Almoravides d'Afrique. Ces sectaires fanatiques et guerriers reconnaissaient alors pour khalife Yousef-ben-Taschfyn, fondateur de la ville et de l'empire de Maroc (1069). Ce prince marcha au secours des mahométans de Séville, et défit le roi de Castille à la bataille de Badajoz (1086). Dans une seconde expédition, il subjugua les principaux états musulmans de l'Espagne, tels que ceux de Grenade, de Séville, d'Almérie, de Cordoue, de Murcie et de Valence (1090-1094); et la bataille d'Uclès (1108), gagnée sur Alphonse VI, assura aux Almoravides la possession de toute l'Espagne musulmane. L'empire des Almoravides fut renversé vers le milieu du xiie siècle par une autre secte mahométane, celle des Almohades ou unitaires, fondée (1120) par Abd-el-Moumen, qui enleva aux Almoravides toutes leurs possessions en Afrique, subjugua les états musulmans de l'Espagne (1146-1147), enleva aux Normands (1159 et 1160) Tunis, Mahadie et Tripoli dont ils s'étaient emparés. Un de ses successeurs, Naser-Mohammed, forma le projet de reconquérir tout le continent de l'Espagne. Les immenses préparatifs qu'il faisait à ce sujet donnèrent l'alarme à Alphonse IX, roi de Castille, qui s'allia avec les rois d'Aragon et de Navarre, et engagea le pape Innocent III à publier une croisade contre les infidèles. Les forces de l'Europe et de l'Afrique se rassemblèrent sur les confins de la Castille et de l'Andalousie; et ce fut aux environs de la ville d'Ubeda que se donna (1212) une sanglante bataille, appelée communément bataille de las Navas de Tolosa, et qui affaiblit tellement les Almohades, qu'elle entraîna la chute et le démembrement de leur empire. L'Espagne mahométane se détacha de nouveau de l'Afrique, et se partagea en plusieurs petits États, dont le principal et le seul qui se soutint encore pendant quelques siècles fut celui des Beni-Nasser, rois de Grenade. Ferdinand III, roi de Castille et de Léon, profita de cet événement pour faire de nouvelles conquêtes sur les musulmans. Il leur enleva les royaumes de Cordoue, de Murcie et de Séville (1236-1248), et les réduisit au seul royaume de Grenade.

Ce fut à l'occasion de ces guerres contre les musulmans que furent fondés, en Espagne, les ordres religieux et militaires d'Alcantara (1156), de Calatrava (1158), de Saint-Jacques de Compostelle (1161), et enfin celui de Montesa, qui remplaça celui des Templiers dans le royaume d'Aragon (1317).

Le règne d'Alphonse X, surnommé *le Sage* ou le Savant (1252-1284), quoique rempli de troubles et de factions, fut pourtant marqué par quelques succès contre les infidèles. Mais, de tous les rois de Castille de cette période, celui qui se signala le plus contre les Maures fut Alphonse XI. Les rois mahométans de Maroc et de Grenade ayant réuni leurs forces pour le siége de la ville de Tariffa, en Andalousie, Alphonse, assisté du roi de Portugal, vint les attaquer aux environs de cette place (1340), et remporta une éclatante victoire qui lui valut la conquête de plusieurs villes et districts, entre autres celle d'Alcala-Réal et d'Algésiras. A partir de cette époque, toute l'énergie espagnole s'épuisa dans des divisions intestines de royaume à royaume, et de famille à famille. Henri II de Transtamare, frère naturel de Pierre le Cruel, s'étant emparé du trône avec le secours des Français et de Duguesclin (1368), toutes les maisons royales d'Espagne réclamèrent pour elles-mêmes la légitimité de la succession de Castille, et ces prétentions diverses compliquèrent encore l'état anarchique du royaume.

2. Premières conquêtes et découvertes des Portugais.

Le Portocale ou Portugal, conquis sur les Maures, et composé des villes de Porto, Braga, Miranda, Lamego, Viseu, Coïmbre, fut donné avec le titre de comté (1090), par Alphonse VI, roi de Castille, à un prince français, Henri de Bourgogne, arrière-petit-fils de Robert II, roi de France. Alphonse Ier, fils du comte Henri, menacé par une invasion formidable des musulmans, ranima le courage de ses troupes par une prétendue apparition miraculeuse dont il s'autorisa pour se faire proclamer roi, et défit complétement l'ennemi dans les plaines d'Ourique (1139). Cette victoire, célèbre dans les annales du Portugal, lui valut la conquête des villes de Leiria, Santarem, Lisbonne, Cintra, Alcaçar do Sal, Evora, Elvas, situées en deçà et au delà du Tage. Les états, convoqués à Lamego, déclarèrent l'indépendance du royaume par une loi fondamentale, qui régla en même temps l'ordre de la succession au trône. Sanche Ier, fils et successeur d'Alphonse, enleva aux musulmans Sylves en Algarve, et Alphonse II acheva la conquête de cette province (1249). La descendance légitime des rois issus de Henri de Bourgogne s'étant éteinte avec Ferdinand, fils et successeur de Pèdre Ier, les états de Portugal, assemblés à Coïmbre, déférèrent la couronne à don Juan, frère naturel du dernier roi, grand maître de l'ordre d'Avis, et connu dans l'histoire sous le nom de Jean le Bâtard. Ce prince, secouru par les Anglais, gagna sur les Castillans et les Français leurs alliés, la fameuse bataille d'Aljubarota (14 août 1385), qui assura, avec la nouvelle dynastie, l'indépendance et les frontières du Portugal.

Renfermés désormais dans leurs limites continentales, les Portugais ne pouvaient plus conquérir que du côté de la mer. Le roi Jean Ier commença en 1412, par la prise de Ceuta, cette série de découvertes et de conquêtes qui devaient porter si loin la gloire maritime des Portugais. Son fils, l'infant don Henri, envoya, dès l'an 1412, deux vaisseaux qui passèrent de 240 kil. le cap Non. En 1419, Jean Gonzalès Zareo et Tristan Vaz Texeira, envoyés pour doubler le cap Bojador, découvrirent l'île de Madère. Don Henri forma dès lors le projet d'ouvrir aux Portugais une route maritime jusqu'aux Indes. En 1433, Gilianez s'avança 160 kil. au delà du cap Bojador. En 1445, Fernandez dépassa l'embouchure du Sanaga ou Sénégal, découvrit le cap Vert en 1446, et parcourut les Açores en 1448.

3. Empire grec depuis les croisades. — Turcs ottomans. — Bajazet et Tamerlan. Prise de Constantinople par Mahomet II.

L'empire français de Constantinople fut détruit en 1261 par Michel Paléologue, dont la dynastie remplaça celle de Lascaris, qui avait établi à Nicée un fantôme d'empire grec. Le nouvel empereur chercha à se concilier le pape, en mettant un terme au schisme; mais cette réunion passagère des deux églises ne fut point reconnue par Andronic II Paléologue, son successeur et son fils, et le schisme fut consacré à jamais, malgré les efforts de quelques empereurs. « Les Comnènes avaient autrefois pris à leur solde des Russes, des Anglais, des Normands et même des Turcs; mais alors l'empire avait encore de grandes ressources, et le commerce de l'Asie remplissait le trésor public. Il n'en était plus de même lorsque le second Paléologue appela sous ses drapeaux les Catalans Almogavares, que la réconciliation des maisons d'Anjou et d'Aragon laissaient sans emploi et sans foyers (1303). La solde de ces intrépides auxiliaires et les exigences de leur chef, Roger de Flor, ruinèrent la cour de Byzance, qui, ne pouvant suffire à leur cupidité ni réprimer leurs brigandages, s'efforça vainement de les détruire. Elle se trouva heureuse que leur instinct aventurier les poussât dans la Grèce, démembrée de l'empire depuis un siècle. Vainqueurs de Gautier de Brienne, sur les bords du Céphise, ils s'emparèrent du duché d'Athènes, fondé par les Français, possédé dès lors par les Espagnols, et qui devait finir sous une famille italienne. Le règne du vieux Andronic fut encore agité par des guerres civiles, qui aboutirent à faire détrôner ce prince par son petit-fils, Andronic le Jeune, en 1332. Celui-ci ne fut pas cruel comme son prédécesseur ; mais une piété aveugle le faisait craindre d'avoir à rendre compte au Juge suprême de tout le temps perdu dans les affaires du gouvernement. Plus soigneux de défendre le quiétisme que son empire, il mourut en controversant (1341) ; et son fils, Jean Paléologue, était occupé des mêmes soins, lorsque Jean Catacuzène le fit descendre du trône (1347). Cependant ce prince, si plein de zèle pour les choses saintes, n'hésita pas à imiter l'exemple de l'usurpateur en s'alliant avec les infidèles, dont l'utile secours l'aida à reconquérir son héritage (1353). Le fils d'Andronic III renoua la chaîne des Paléologues ; mais il avait montré aux Ottomans le chemin de Byzance. » (Des Michels, *Précis du moyen âge,* 7ᵉ édition, p. 432, 433.)

L'histoire de l'empire d'Orient, depuis cette époque, n'est guère que celle des conquêtes des Turcs. En 1360, les chrétiens, attaqués par Amurat Iᵉʳ, en Europe et en Asie, perdirent à la fois Ancyre et Andrinople. L'Arménie se soumit, en 1377, à la puissance ottomane ; et Amurat, battu par les Eslavons, répara cette perte à la journée de Cossova, où il périt après la victoire (1389). En vain Jean Paléologue Iᵉʳ avait imploré le secours de l'Occident et s'était soumis au pape ; forcé d'entrer en accommodement avec Amurat, il avait conservé Constantinople et Thessalonique avec quelques îles et une grande partie de la Morée. Bajazet Iᵉʳ continua les succès de son père ; il envahit la Moldavie, menaça la Hongrie, et tailla en pièces, à la sanglante journée de Nicopolis (1396), les chevaliers français venus au secours de Sigismond. Manuel II, fils et successeur de Jean Paléologue, forcé par Bajazet d'associer son neveu à l'empire (1394), avait inutilement sollicité les secours de l'Occident, indifférent désormais au sort des Grecs, lorsque Timour-Lenc ou Tamerlan, maître de la plus grande partie de l'Asie, répondit à son appel, et vainquit, à la bataille d'Acyre (1401), Bajazet, qui mourut, l'année suivante, en captivité. Mais l'empire de Tamerlan périt avec lui (1405), et les divisions des fils de Bajazet n'empêchèrent pas la Morée d'être conquise par Mousa (1411), vainqueur, l'année suivante, à Semendria, de l'empereur Sigismond. Mahomet Iᵉʳ affermit, par sa prudence, les conquêtes de ses prédécesseurs ; et Constantinople, isolée du reste de l'Europe, eût succombé, sous Manuel II, aux attaques des deux cent mille soldats d'Amurat II, si le sultan n'eût cru devoir prévenir l'effet de l'armement qui se préparait en faveur de l'empire sur les bords du Danube. Maître de la Servie et de Semendria (1435), il échoua devant Belgrade, défendue par Jean Hunyade, le héros de la Hongrie.

La trève qui suivit ayant été rompue cette année-là même, la défaite des chrétiens à Varna (1444), effraya l'Europe, que ne purent rassurer ni la résistance des Albanais au sultan, ni la mort d'Amurat (1451). Constantin XII Paléologue était réservé à voir la chute de l'empire. Après deux mois de siége, Mahomet II prit Constantinople d'assaut, et le dernier des empereurs grecs périt glorieusement sur la brèche (1453).

HISTOIRE MODERNE.

XV. TURQUIE, HONGRIE, BOHÊME, ALLEMAGNE.

1. SOLIMAN II. — 2. JEAN HUNYADE ET MATTHIAS CORVIN. — 3. FRÉDÉRIC III ET MAXIMILIEN D'AUTRICHE.

1. Soliman II.

L'histoire moderne ne devrait commencer qu'à la fin du xv° siècle, avec les guerres d'Italie qui ouvrent la période des grandes guerres modernes et avec la découverte de l'Amérique par Christophe Colomb et celle d'un nouveau passage aux Indes, en tournant le cap de Bonne-Espérance, par Vasco de Gama, qui veut créer la grandeur coloniale de l'Espagne et du Portugal, et la puissance maritime de la Hollande et de l'Angleterre; mais l'usage a prévalu de fixer ce commencement à la prise de Constantinople par les Turcs, en 1453.

Maître de Constantinople, Mahomet, repoussé devant Belgrade par Matthias Corvin, compensa ses pertes par la conquête du duché d'Athènes, la soumission de la Servie et celle de la Morée (1458). La réduction de l'empire de Trébisonde et de la Bosnie, la prise de Lesbos, suivirent ces premières conquêtes. Les Vénitiens prirent les armes contre le sultan; mais la mort de Pie II, à l'instant où il se mettait à la tête d'une croisade, celle de Scanderbeg, qui fit retomber sous le joug ottoman l'Albanie, qu'il avait héroïquement défendue, la défaite d'Ussun-Hassan, maître de la Perse, la chute de la colonie génoise de Caffa, et la défaite qu'ils essuyèrent sur les bords de l'Isonzo, les forcèrent à conclure la paix (1479). Mahomet mourut (1481) après avoir échoué devant Rhodes contre la valeur des chevaliers. Bajazet II, son successeur, battit son frère Zizim, qui lui disputait l'empire. Il se dédommagea de quelques échecs en Asie par la conquête de la Moldavie, de la Bosnie et de la Croatie (1489). La guerre contre les Vénitiens et la paix qui la suivit (1499-1503) est le dernier exploit de son règne, agité depuis par les dissensions de sa famille et l'usurpation de son fils Sélim, qui lui fit donner la mort (1512). Vainqueur des Perses à la bataille de Tchaldiran (1514), Sélim acquit le Diarbekir, deux ans après (1516). L'année suivante, les Mameluks, vaincus et massacrés, le laissèrent maître paisible de Égypte, conquête qui fut suivie de la soumission des tribus de l'Arabie et du shérif de la Mecque (1520). Son successeur, Soliman II, signala les premières années de son règne par la prise de Belgrade (1521) et de Rhodes (1522). Vainqueur des Hongrois à Mohacz (1526), il envahit une seconde fois ce royaume (1529), pénétra jusqu'en Autriche, et mit inutilement le siége devant Vienne. La soumission de la Moldavie le consola de cette retraite forcée; et les services intéressés de Barberousse, maître d'Alger, lui soumirent le royaume de Tunis, que Charles Quint lui ravit presque aussitôt. Uni à François Ier par une alliance bientôt devenue inutile, il fit aux Vénitiens une guerre avantageuse, et signala sa seconde alliance avec le roi de France par la prise et le pillage de Nice (1543). Ni la conquête du bannat de Temeswar, ni sa victoire navale sur la flotte de Charles Quint, qui venait secourir Malte, ne purent le consoler du meurtre de ses enfants, auquel les intrigues de Roxelane l'avaient poussé. Son orgueil, irrité de la résistance des chevaliers, tourna ses armes sur la Hongrie, où il expira (1566), à l'instant où Zigeth tombait sous les efforts de son armée. Il avait porté l'empire ottoman à son plus haut point de puissance et de gloire.

2. Jean Hunyade et Matthias Corvin.

Des progrès aussi rapides jetèrent l'alarme parmi les puissances chrétiennes. Heureusement pour l'Europe, qu'elle fut couverte par l'héroïque résistance de la Hongrie. Jean Hunyade, gouverneur du royaume de Hongrie pendant la minorité de Ladislas, fils posthume d'Albert d'Autriche, se signala dans plusieurs actions contre les Turcs. Il obligea (1456) Mahomet II de lever le siége de Belgrade, où il perdit 25 000 hommes, et fut lui-même grièvement blessé. L'époque la plus glorieuse de la Hongrie est celle du règne de Matthias Corvin, qui, à peine âgé de seize ans, fut élevé au trône par le choix libre de la nation (1468). Émule de son père, le valeureux Jean Hunyade, il fut la terreur des Turcs pendant tout le temps de son règne, et défendit avec succès ses provinces contre leurs efforts. Il conquit la Moravie, la Silésie et la Lusace, enleva l'Autriche à l'empereur Frédéric III, et fixa sa résidence à Vienne (1485), où il mourut cinq ans après (1490). Il joignait aux arts de la guerre l'amour des belles-lettres dont il fut le zélé protecteur. Avec lui s'éclipsa la gloire de la Hongrie. Sous ses successeurs Uladislas II et Louis, qui tenaient en même temps la couronne de Bohème, la Hongrie fut déchirée par des factions et ravagée impunément par les Turcs. Après la prise de Belgrade (1521) et la défaite de Mohacz (1526) qui coûta la vie au roi Louis et à 22 000 Hongrois, Ferdinand d'Autriche, qui avait épousé Anne, sœur de Louis, réclama la succession. Les États de Bohème reconnurent ses droits, mais ceux de Hongrie proclamèrent Jean de Zapolya, palatin de Transylvanie. Ce prince, menacé par Ferdinand, se mit sous la protection de Soliman, qui vint assiéger Vienne (1529). Après sa mort, son ministre, l'évêque George Martinuzzi, réussit à faire élire son fils encore au berceau, Jean Sigismond, et lui ménagea la protection des Turcs. Soliman entreprit en sa faveur une nouvelle expédition (1541); mais, sous prétexte de mieux protéger le jeune roi, il s'empara de Bude, sa capitale, et de ses principales places. Cependant, en 1547, après la mort de la reine Anne, épouse de Ferdinand, les États de Hongrie, assemblés à Tyrnau, déclarèrent le royaume héréditaire dans la maison d'Autriche, à perpétuité, sans pourtant renoncer au droit d'élire le membre de la famille qui leur conviendrait. Mais la meilleure portion du royaume était au pouvoir des Turcs, et Ferdinand fut obligé de leur payer un tribut pour la portion qu'il possédait. Au milieu de ces malheureux événements, les opinions de Luther et de Calvin s'étaient propagées en Hongrie et en Bohême. Les vexations qu'éprouvaient les partisans des nouvelles doctrines, jointes aux atteintes portées de temps à autre à l'ancienne constitution du royaume, suscitèrent des troubles et favorisèrent les vues des mécontents et des ambitieux.

3. Frédéric III et Maximilien d'Autriche.

La maison d'Autriche, qui rapportait son origine à Rodolphe de Hapsbourg, élu empereur d'Allemagne vers la fin du XIIIe siècle, dut la haute élévation à laquelle elle parvint à la dignité impériale, devenue en quelque sorte fixe et héréditaire pour elle, et à la politique de ses princes, qui se montrèrent toujours moins occupés des intérêts de l'empire que de ceux de leurs États héréditaires. Frédéric III avait érigé l'Autriche en archiduché, et lié les intérêts de sa maison à ceux des papes, en sacrifiant à Nicolas V la pragmatique d'Augsbourg. Le mariage de son fils Maximilien avec Marie de Bourgogne, fille et héritière de Charles le Téméraire, valut à l'Autriche les Pays-Bas, y compris la Franche-Comté, la Flandre et l'Artois. Philippe le Bel, issu de ce mariage, épousa (1496) Jeanne la Folle, infante d'Espagne, fille de Ferdinand le Catholique et d'Isabelle. Il en eut deux fils, Charles et Ferdinand. Le premier, connu dans l'histoire sous le nom de Charles Quint, hérita des Pays-Bas du chef de son père Philippe (1506). Il recueillit à la mort de Ferdinand le Catholique (1516) toute la succession espagnole, qui comprenait les royaumes d'Espagne, de Naples, de Sicile et de Sardaigne, avec l'Amérique espagnole. A ces vastes États il ajouta encore les domaines de sa maison en Allemagne, que lui transmit (1519) son grand-père paternel Maximilien; et les électeurs lui déférèrent, à la même époque, la dignité impériale. Son frère Ferdinand épousa (1524) Anne, sœur de Louis, roi de Hongrie et de Bohême, qui ayant été tué à la bataille de Mohacz (1526), transmit ces deux royaumes à la maison d'Autriche [1].

Pendant que la maison d'Autriche préparait sa grandeur future, l'empire essayait de régulariser sa constitution. Les États d'empire, revenus à des idées plus justes sur le gouvernement et la subordination civile, se prêtèrent à l'abolition entière et complète des défis et des guerres privées, qui fut décrétée par la paix publique perpétuelle rédigée à la diète de Worms (1495). La *chambre impériale*, siégeant d'abord à Spire et ensuite à Wetzlar, fut instituée par la même diète pour juger les différends qui s'élèveraient entre les membres immédiats du corps germanique, comme aussi pour recevoir les appels des tribunaux inférieurs. — L'institution du *conseil aulique*, autre cour souveraine de l'empire, suivit de près celle de la chambre impériale. On en rapporte communément l'origine à la diète de Cologne (1512). Dans cette dernière diète fut adoptée la division de l'empire en dix cercles, comme une institution propre à maintenir la paix publique et à faciliter l'exécution des jugements rendus par les deux cours souveraines.

XIV. ESPAGNE ET PORTUGAL.

1. RÉUNION DE L'ARAGON ET DE LA CASTILLE, SOUS FERDINAND LE CATHOLIQUE ET ISABELLE. — 2. CONQUÊTE DES ROYAUMES DE GRENADE ET DE NAVARRE. — 3. XIMÉNÈS. — 4. DÉCOUVERTES ET CONQUÊTES DES PORTUGAIS EN AFRIQUE ET EN ASIE. — 5. DÉCOUVERTES ET CONQUÊTES DES ESPAGNOLS EN AMÉRIQUE.

1. Réunion de l'Aragon et de la Castille, sous Ferdinand le Catholique et Isabelle.

L'Espagne, qui allait bientôt devenir une puissance redoutable, était encore presque étrangère au reste de l'Europe, et le triste théâtre de dissensions intestines. En Aragon, Juan II retenait injustement le royaume de Navarre, héritage de son fils don Carlos, et, après avoir vaincu ce jeune prince, qui avait réclamé ses droits les armes à la main, il le faisait mourir de chagrin et de poison (1461), ainsi que sa sœur dona Blanca. Les Catalans, soulevés par ce double

---

[1] Cette politique plus habile qu'héroïque, qui, au moyen d'une suite de mariages, soumettait à la maison d'Autriche les conquérants avec leurs conquêtes, a été chantée par un poëte moderne dans les vers suivants :

Bella gerant alii, tu, felix Austria, nube.
Nam quæ Mars aliis, dat tibi regna Venus.

crime, appelèrent successivement le roi de Castille, l'infant de Portugal et Jean de Calabre, et ne se soumirent qu'après dix ans de combats (1472). La Castille était en même temps déchirée par la guerre civile. Les grands du royaume, mécontents du règne honteux de Henri IV, le déposèrent (1465) et lui opposèrent d'abord son jeune frère don Alonzo, et, après la mort de ce prince (1468), sa sœur, la princesse Isabelle, qu'ils marièrent pour fortifier son parti, à Ferdinand, fils de Juan II, roi d'Aragon.

En vain, dona Juana, que le roi de Castille en mourant (1474) avait déclarée son héritière légitime, vit une partie du royaume se déclarer pour elle. Le roi de Portugal, Alphonse l'*Africain*, son fiancé et son défenseur, fut complétement défait à la bataille de Toro (1476). Toute la Castille se déclara pour Ferdinand et Isabelle, et la mort de don Juan (1474), qui leur laissa le royaume d'Aragon, leur permit de réunir toutes les forces de l'Espagne chrétienne contre les Maures de Grenade.

2. Conquête des royaumes de Grenade et de Navarre.

Le premier résultat de l'union et de la paix parmi les chrétiens de l'Espagne devait être nécessairement la guerre contre les Maures. Ferdinand et Isabelle, puissamment secondés par les divisions intestines des infidèles, et par le zèle avec lequel les seigneurs des deux royaumes se portaient à cette guerre sainte et nationale, achevèrent la conquête du royaume de Grenade (1492), après une guerre vigoureuse de douze ans. Le dernier roi de Grenade, Boabdil, se retira en Afrique. La même année, Christophe Colomb découvrait un nouveau monde, sous les auspices des heureux souverains de l'Espagne. Un édit, publié immédiatement après la conquête de Grenade, ordonna l'expulsion des Juifs, dont quelques cent mille sortirent de l'Espagne pour se réfugier, les uns dans le Portugal, les autres en Afrique. Les Maures, qui n'avaient pas été compris dans cette proscription, se révoltèrent en 1500, et on leur permit l'émigration en Afrique. La réduction des Maures fut suivie de la conquête du royaume de Naples (1501-1503), et de la mort d'Isabelle (1504). Ferdinand se vit préférer par les Castillans l'archiduc d'Autriche, Philippe le Beau, son gendre. Mais à la mort de ce dernier (1506), l'influence de l'archevêque de Tolède, le cardinal Ximénès, fit donner la régence à Ferdinand. Les dernières années de l'administration de ce prince furent marquées par la conquête d'Oran et de quelques autres places importantes de la côte de Barbarie (1509-1510), et surtout par la conquête de la Navarre (1512), enlevée à Jean d'Albret, et qui compléta la réunion de toute l'Espagne sous les mêmes lois.

3. Ximénès.

A l'avénement de Ferdinand et Isabelle, les royaumes de Castille et d'Aragon étaient en proie à l'anarchie. Tous les abus du gouvernement féodal s'y maintenaient par la force et la licence. Ferdinand fit raser les forteresses des seigneurs qui infestaient le pays, rendit la vigueur aux lois, affranchit les peuples de l'oppression des grands. Sous prétexte de travailler à l'extirpation des hérétiques, juifs et musulmans, il comprima tous les esprits par la terreur, en établissant différents tribunaux de l'inquisition avec des rigueurs jusqu'alors inouïes. Le dominicain Torquemada, nommé grand inquisiteur, fit brûler, dans l'espace de quatre ans, près de six mille individus. Ferdinand augmenta encore considérablement le pouvoir royal, en donnant à la couronne une armée et des biens immenses, par la réunion des trois grandes-maîtrises de Calatrava, de Saint-Jacques de Compostelle et d'Alcantara.

Ximénès continua avec énergie et succès l'œuvre de l'abaissement de la féodalité et de l'accroissement du pouvoir royal. « Cet homme, en qui la Castille admirait un politique et un saint, avait quatre-vingts ans lorsque Ferdinand, près de mourir, le désigna pour régent jusqu'à l'arrivée de son petit-fils Charles d'Autriche (1516). Il n'en fit pas moins face aux ennemis du dedans et du dehors. Il empêcha les Français de conquérir la Navarre par un moyen aussi nouveau que hardi ; c'était de démanteler toutes les places, excepté Pampelune, et d'ôter ainsi tout point d'appui à l'invasion. En même temps, il formait une milice nationale ; il s'assurait des villes, en leur accordant la faculté de lever elles-mêmes les impôts ; il révoquait les concessions que le feu roi avait faites aux grands. Lorsque ceux-ci vinrent réclamer, et témoignèrent des doutes sur les pouvoirs qui lui avaient été donnés, Ximénès, leur montrant d'un balcon un train formidable d'artillerie : *Vous voyez,* dit-il, *mes pouvoirs !* (M. Michelet, *Précis d'histoire moderne,* p. 53.)

4. Découvertes et conquêtes des Portugais en Afrique et en Asie.

Les Portugais, qui avaient déjà fondé des colonies sur la côte occidentale de l'Afrique, poussèrent leur navigation, sous le règne de Jean II, jusqu'à la pointe la plus méridionale de ce continent. Barthélemy Diaz doubla le premier le cap (1486), qu'il appela le *cap des Tourmentes,* nom que le roi changea en celui de *Bonne-Espérance.* Enfin, après douze années de travaux, Vasco de Gama eut la gloire de pénétrer avec une flotte jusqu'aux Indes. Il aborda au port de Calicut, sur les côtes de Malabar, la troisième année du règne du roi

Emmanuel (22 mai 1408). Plusieurs illustres marins portugais, tels que les Almeida, les Albuquerque, les Acunga, les Silveira, les Jean de Castro, marchant depuis sur les traces de Vasco de Gama, jetèrent les fondements de l'empire maritime des Portugais. François d'Almeida défit, auprès de Diu, la flotte du sultan mameluk d'Égypte, réunie à celle des rois de l'Inde (1509). Alphonse Albuquerque conquit Goa, et en fit la capitale de toutes les possessions portugaises (1511). Vers la même époque, les Portugais s'établirent dans les îles Moluques. Antoine Silveira se signala par la belle défense de Diu (1538); il repoussa les Turcs et ruina la flotte que Soliman le Grand avait envoyée pour le siége de cette place. Le roi de Cambaye ayant repris ce siége (1547), essuya une entière défaite de la part du vice-roi Jean de Castro, qui fit alors la conquête de tout le royaume de Diu. Les Portugais ne formèrent aux Indes que des établissements de commerce, qui, fixés sur les côtes, ne s'étendaient pas bien loin dans l'intérieur des terres, et abandonnèrent aux indigènes l'exploitation des mines et le soin de l'agriculture.

5. Découvertes et conquêtes des Espagnols en Amérique.

Le Génois Christophe Colomb, frappé des entreprises des Portugais, conçut qu'on pouvait faire quelque chose de plus grand, et, par la seule inspection d'une carte de notre univers, jugea qu'il devait y en avoir un autre, et qu'on le trouverait en voguant toujours vers l'occident. Traité de visionnaire par les souverains auxquels il communiqua successivement ses conjectures, il obtint enfin de la reine Isabelle trois vaisseaux, avec lesquels il alla à la recherche du nouveau continent (3 août 1492). Une navigation périlleuse de quelques mois le conduisit à l'île de Guanahani, une des Lucayes, et qu'il appela San-Salvador (12 octobre 1492). Cette découverte fut suivie immédiatement de celle de Saint-Domingue (Haïti) et de Cuba. Dans son second et son troisième voyage (1493 et 1498), il découvrit aussi la terre ferme ou le continent du nouveau monde, et nommément les côtes de Paria jusqu'à la pointe d'Araya. Un négociant florentin, Améric Vespuce, suivit de près les traces du navigateur génois, et usurpa une gloire qui ne lui était pas due, en donnant son nom au nouveau continent.

Les Espagnols conquirent des îles et une grande partie du continent de l'Amérique, à mesure qu'ils en firent la découverte. Excités par la soif de l'or que le nouveau monde leur offrait en abondance, ils commirent des cruautés et des horreurs qui font frémir l'humanité. Des millions d'indigènes furent massacrés, et l'évêque espagnol Barthélemy de las Casas fit de vains efforts pour arrêter la fureur de ses compatriotes. Les principales conquêtes datent du règne de Charles Quint. Ce fut en son nom que Fernand Cortez (1521) renversa, avec une poignée de soldats, le grand empire du Mexique, dont les derniers empereurs, Montézuma et Gatimozin, furent tués avec un nombre prodigieux de leurs sujets. Le conquérant du Pérou fut François Pizarre. Il y entra à la tête de trois cents hommes (1532), au moment même où Atabalipa venait de s'ériger en inca ou souverain du Pérou. L'inca fut tué et tout le Pérou subjugué. Les Espagnols fondèrent un grand nombre d'établissements et de colonies dans la partie de l'Amérique soumise à leur domination ; mais, avides seulement de métaux précieux, ils s'adonnèrent exclusivement à l'exploitation des mines, asservirent les indigènes et amenèrent des nègres pour y travailler. Cela explique les restrictions par lesquelles le gouvernement espagnol limita le commerce de ses colonies, qui fut d'abord borné au seul entrepôt de Séville. Des siéges épiscopaux et métropolitains, des missions, des couvents, des universités et l'inquisition furent établis dans les possessions espagnoles en Amérique, divisées d'abord en deux grandes vice-royautés, celle du Mexique et celle du Pérou.

XVII. FRANCE ET ITALIE.

CHARLES VIII ET LOUIS XII ; GUERRES D'ITALIE.

Règne de Louis XI.

Après l'expulsion des Anglais, Charles VII s'appliqua à réorganiser le gouvernement du royaume et à faire disparaître les abus et les maux qui étaient la conséquence inévitable d'une si longue guerre. Il institua les compagnies d'ordonnance, et pourvut à leur entretien par l'impôt permanent de la *taille*. Il réprima la révolte des grands dite *praguerie*, et appuyée du nom du dauphin. Il réforma les lois, veilla à leur rigoureuse exécution, et épouvanta les grands coupables, habitués à l'impunité, par quelques exemples d'une justice sévère. Une dernière révolte du dauphin, qui se réfugia à la cour du duc de Bourgogne, affligea ses dernières années, et il se laissa mourir de faim à Meun-sur-Yèvre (22 juillet 1461).

Louis XI, son fils et son successeur, se montra, dès le commencement de son règne, ennemi des grands vassaux, et principalement du duc de Bourgogne. Les grands, révoltés des actes despotiques de leur nouveau maître, n'osèrent cependant éclater ouvertement contre lui que lorsque l'affaiblissement du duc de Bourgogne eut mis toute l'autorité aux mains de son fils, le comte de Charolais, si célèbre depuis sous le nom de Charles le Téméraire. Alors se forma contre Louis la ligue dite du *bien public,* dans laquelle entrèrent les plus puissants vassaux de la couronne, et dont les principaux étaient les comtes de Charolais, de Dunois, d'Armagnac, les ducs de Bourbon et de Nemours, et le duc de Berry, frère du roi. La paix de Conflans et de Saint-Maur, par laquelle Louis accorda aux confédérés toutes leurs demandes, mit un terme à la guerre civile (1465). Une seconde ligue se forma deux ans après (1467) entre le duc de Bourgogne, le duc de Bretagne, le frère du roi, dépossédé de la Normandie, et les rois de Castille et d'Angleterre; et Louis XI opposa à cette nouvelle ligue les états généraux de Tours. Le traité d'Ancenis força le duc de Bretagne à se séparer de la ligue: mais le traité de Péronne, dont le roi, captif dans cette ville, paya sa liberté, ne lui laissa, sur le duc de Bourgogne, qu'une suzeraineté nominale (1468). Tandis que la prise et le sac de Liége répandaient au loin la terreur des armes de Charles le Téméraire, et que sa puissance augmentait par des circonstances favorables, Louis XI détachait son frère de ce dangereux allié, lui donnait la Guienne en échange de la Champagne, réduisait à l'impuissance les ducs de Nemours et d'Armagnac, et s'alliait à la maison de Lancastre, victorieuse d'Édouard IV, beau-frère du duc de Bourgogne. Celui-ci, ayant été ajourné à comparaître devant le parlement de Paris par les états généraux de Tours (1470) qui venaient de casser le traité de Péronne, il s'ensuivit une nouvelle guerre. Cependant les deux princes, également intéressés à échapper aux intrigues du duc de Bretagne et du connétable de Saint-Pol, se hâtèrent de conclure la trêve d'Amiens (1471). Enfin cette même année vit se former une troisième ligue entre les mêmes princes; mais la mort du duc de Guienne, et le mauvais succès des armes de Charles le Téméraire en Picardie, amenèrent la trêve de Senlis (1472). La plus grande partie de l'aristocratie féodale tomba dans le cours de l'année suivante. Restait le plus puissant seigneur féodal et le plus redoutable, le duc de Bourgogne, qui espérait s'emparer de la Lorraine et obtenir de l'empereur Frédéric III le titre de roi. Louis XI déjoua tous ses plans; il sut le rendre suspect à l'empereur, conserva la Lorraine à René de Vaudemont, et suscita contre le Téméraire une ligue dans laquelle entrèrent les Suisses, les villes libres d'Alsace et Sigismond d'Autriche. Une quatrième ligue arma la Bourgogne contre le roi de France; mais le Téméraire perdit une armée au siége de Nuits, fut battu sur divers points par les Suisses,

René II, Louis XI, et abandonné par Édouard IV, qu'il avait mal secondé.

Cette dernière ligue fut dissoute par les traités de Péquigny et de Senlis (1475), entre Louis XI, l'Angleterre et la Bretagne, et par la trève de Soleure, que le duc de Bourgogne se vit forcé de conclure avec le roi de France. Après le supplice du traître Saint-Pol, qui avait trompé les deux partis, Charles le Téméraire s'empara de la Lorraine, déclara la guerre aux Suisses, et, battu à Granson et à Morat, alla se faire tuer (1477) au siége de Nancy, contre René de Vaudemont, qui avait reconquis la Lorraine. A sa mort, le mariage de sa fille Marie avec Maximilien donna naissance à la rivalité de la France et de l'Autriche; mais le traité d'Arras confirma à Louis XI la possession de la Bourgogne, de l'Artois et de la Franche-Comté, qu'il occupait déjà par ses armes (1482). Le supplice du duc de Nemours, la soumission du duc de Bretagne, la cession du duché de Bar, du Maine, de l'Anjou, de la Provence et des prétentions de la maison d'Anjou au trône de Naples, la captivité du comte de Perche et la soumission de son duché d'Alençon, marquèrent les dernières années de Louis XI, qui mourut au mois d'août 1483. Il laissait la réputation d'un des plus tyranniques, mais aussi d'un des plus utiles princes qui aient gouverné la France, décidément soustraite aux étreintes de la féodalité.

L'épouvante que causa en Occident la prise de Constantinople n'avait arraché que pour un moment les États de l'Italie à leurs divisions intestines et à leurs guerres interminables. Ni les ravages de la cavalerie turque qui s'était avancée jusqu'à la Piave, ni les dévastations des flottes du sultan, qui avaient pris et pillé Otrante, ni les généreux efforts des papes Calixte III (1455), Pie II (1458), Paul II (1464), ne purent réunir, dans une croisade contre l'ennemi commun, cette malheureuse Italie si divisée, si remuante, et qui tentait déjà, par une conquête facile, tant d'ambitions rivales. Venise, menacée à la fois dans ses possessions continentales et dans ses colonies, et dont la découverte d'une nouvelle route aux Indes et les progrès des Turcs devaient bientôt amener l'entière décadence, avait traité avec le sultan et s'était soumise à un tribut. Après les pontificats de Sixte IV et d'Innocent VIII (1464-1492), qui s'étaient montrés moins occupés des dangers de l'Italie que des intérêts de leur famille ou de leurs alliés, Rome voyait la chaire de saint Pierre souillée par la tyrannie et les forfaits d'Alexandre VI, et appelait de tous ses vœux un libérateur. La noblesse et le peuple du royaume de Naples, que révoltaient les perfidies, les cruautés et les exactions de Ferdinand d'Aragon, suppliaient le roi de France Charles VIII de venir les délivrer d'un joug intolérable, et reprendre l'héritage de la seconde maison d'Anjou.

Florence était gouvernée souverainement, sous le nom de république, par la famille des Médicis, qui avait pour ennemis les partisans de la liberté et les familles puissantes qui aspiraient à la souveraineté. Laurent de Médicis, surnommé *le Magnifique* et *le Père des Muses*, à cause de son goût pour les lettres et les arts, venait de mourir (1492) en refusant l'absolution, à laquelle le dominicain Savonarole avait mis pour condition l'affranchissement de la république. A Milan, Ludovic le More retenait en prison son neveu Galeas Sforza, héritier légitime du duché; et, menacé par les autres États, il pressait les Français de franchir les Alpes, espérant, par leur secours, assurer et légitimer son usurpation. Tous les États secondaires, tourmentés de l'ambition de conquérir ou d'assurer leur indépendance, attendaient et appelaient l'invasion étrangère. D'ailleurs, la Péninsule retentissait alors des prédications de l'éloquent Savonarole, qui annonçait l'arrivée prochaine d'un conquérant envoyé par Dieu pour châtier l'Italie.

Charles VIII et Louis XII; Guerres d'Italie.

Charles VIII, appelé par la plupart des États italiens et encouragé par de prétendues prophéties, partit pour conquérir le royaume de Naples (1494), après avoir, par les traités d'Étaples (1492), de Narbonne et de Senlis (1493), acheté la paix du roi d'Angleterre Henri VII, rendu la Cerdagne et le Roussillon à Ferdinand le Catholique, l'Artois et la Franche-Comté à l'empereur Maximilien. Allié de la Savoie et de Ludovic le More, il traita avec Florence et avec le pape Alexandre VI, et n'eut qu'à se présenter pour entrer en triomphateur dans Naples soumise. Mais les puissances de l'Europe, alarmées de ses succès rapides, se liguèrent contre lui avec les principaux États de l'Italie. Forcés de quitter leur conquête, les Français remportèrent en vain, dans leur retraite, la brillante victoire de Fornoue (1495); le Languedoc, envahi par Ferdinand, attira tous les efforts de Charles VIII, et le royaume de Naples fut irrévocablement perdu pour lui.

Aux prétentions de Charles VIII sur le royaume de Naples, Louis XII, son successeur, joignit celles que lui donnait son aïeule sur le duché de Milan, et fit, au milieu des soins multipliés de l'administration intérieure, tous ses préparatifs pour une nouvelle expédition en Italie. Après s'être fait des alliés et des appuis en Italie, il prit le Milanais, le laissa reprendre par Ludovic et le lui enleva une seconde fois (1499-1500). Maître de ce duché, allié des Florentins, du pape et de Ferdinand d'Espagne, il s'empara du royaume de Naples avec le secours de ce dernier. Mais ils se divisèrent bientôt, et les talents militaires de Gonzalve de Cordoue, soutenus de ses manœuvres perfides, chassèrent les Français de Naples. En vain le roi de France attaqua l'Espagne en Navarre, et envoya une nouvelle armée en Italie; le royaume de Naples fut perdu sans retour, malgré la brillante valeur de la gendarmerie française, des d'Aubigny, des duc de Nemours, des Bayard (1504). Le traité de Blois, qui suivit ces désastres, et dont l'exécution eût livré la France à l'avidité de l'Autriche, fut rompu par Louis XII, mieux conseillé (1505) et placé d'ailleurs dans des circonstances favorables. Après la soumission de Gênes (1507), qui s'était révoltée contre lui, Louis XII se ligua, à Cambrai (1508), avec plusieurs provinces d'Italie, Ferdinand et Maximilien, contre les Vénitiens. Ceux-ci, du sein même de leur défaite, firent sortir leur affranchissement; à la ligue de Cambrai dissoute, ils opposèrent (1511) la sainte ligue, formée à peu près des mêmes éléments. Le génie belliqueux du pape Jules II, qui s'était fait l'âme de cette ligue dirigée contre les Français, la mort du jeune et héroïque Gaston de Foix, à la bataille de Ravenne, au milieu de son triomphe, permirent aux Vénitiens de reprendre les villes qu'ils avaient perdues, aux Suisses de rétablir à Milan la famille des Sforza (1513). La France, à qui il ne restait plus de ses conquêtes en Italie que les châteaux de Milan, de Novarre, de Crémone et la lanterne de Gênes, se vit menacée sur toutes ses frontières par une coalition redoutable de tous ses voisins conjurés contre elle (ligue de Malines (1513), entre l'Empire, le pape Léon X, l'Angleterre et l'Espagne). Gênes fut cependant reprise et tout le Milanais reconquis par les Français; mais, battus à la fois à Novarre et à Guinegate, ils durent à la lenteur et aux dissensions des alliés de ne pas les voir sous les murs de Paris. Enfin, les traités de Dijon, de Rome, de Blois, d'Orléans (1513-1514), mirent fin à cette guerre ruineuse.

Mais passons de ces guerres sans profit pour l'État à l'administration de Louis XII. Il y a là pour lui une gloire plus solide.

Les deux premières années du règne de Louis XII furent employées à des réformes utiles, à des institutions nécessaires, à de sages règlements. Après avoir renoncé aux 300 000 livres que les rois recevaient pour droit de *joyeux avénement,* diminué les impôts d'un dixième, et annoncé une réduction plus considérable pour l'avenir, il acheva l'organisation du grand conseil de justice que Charles VIII avait érigé en compagnie permanente, et publia un grand nombre d'ordonnances célèbres dans l'histoire de France. Il rendit une ordonnance sévère qui, en assignant des garnisons aux troupes et assurant leur subsistance, menaçait leurs désordres d'un châtiment exemplaire. Frappé des grands abus qui s'étaient glissés dans l'administration de la justice, il rendit une ordonnance par laquelle il réglait la durée des procès et les frais de la procédure, proscrivait les commissions spéciales et garantissait l'indépendance des magistrats, en leur défendant d'obtempérer aux commandements contraires aux lois. Il donna à la Normandie un parlement particulier qui fut établi à Rouen, et deux ans après (1504) un autre aux comtés de Provence et de Forcalquier. L'université, qui comptait alors plus de vingt mille écoliers turbulents, et qui possédait de nombreux priviléges devenus incompatibles avec l'ordre public, fut soumise à des réformes. Aussi, les états généraux de Tours de 1506 ne firent entendre au monarque, au lieu de griefs et de doléances, que des paroles de reconnaissance et d'amour, et lui décernèrent d'une voix unanime le beau titre de *Père du peuple*.

XXVI. RIVALITÉ DE LA FRANCE ET DE LA MAISON D'AUTRICHE.

CHARLES QUINT, FRANÇOIS Ier, HENRI II.

François Ier, reprenant les projets de ses deux prédécesseurs sur l'Italie, avait opposé à la ligue formée contre lui par les Suisses, l'empereur Ferdinand, le pape et les Florentins, une alliance avec Venise, remporté sur les Suisses la célèbre bataille de Marignan (1515), dont le résultat fut la conquête du Milanais, et signé avec les treize cantons la paix perpétuelle. Content de ces premiers succès, il ajourna, par le traité de Noyon (1516), ses différends avec le nouveau roi d'Espagne, l'archiduc Charles, relativement au royaume de Naples et à la Navarre, et acheta du roi d'Angleterre (1518), par le traité de Londres, la cession de Tournai. Mais bientôt, l'empereur Maximilien étant mort (1519), François Ier et Charles Quint prétendirent également à l'empire, qui fut déféré au roi d'Espagne par les électeurs. Ce fut une des occasions de la longue lutte entre ces deux princes, entre lesquels existaient déjà tant de motifs de rivalité et de querelle. François Ier redemanda le royaume de Naples pour lui-même, la Navarre pour Henri II d'Albret; Charles Quint revendiqua la Bourgogne, comme arrière-petit-fils de Charles le Téméraire, le duché de Milan, comme empereur. Alors commença régulièrement la longue et sanglante rivalité de la France et de la maison d'Autriche. Les deux rivaux recherchèrent également l'alliance du pape et du roi d'Angleterre, et Charles Quint l'emporta encore une fois sur François Ier, qui consuma en fêtes, en plaisirs, en folles prodigalités, un temps que son rival employait plus utilement à soumettre l'Espagne révoltée et à apaiser les troubles de l'Allemagne. Pendant que les Français étaient chassés de la Navarre envahie, les impériaux étaient repousses au siége de Mézières. En Italie, Lautrec perdit la bataille de la Bicoque, que les Suisses mercenaires l'avaient forcé à livrer, et qui fut suivie de la perte du Milanais. La duchesse d'Angoulême, qui avait retenu l'argent destiné à son armée, accusa et fit condamner Semblançay innocent (1521-1522).

Les passions de cette princesse mirent, l'année suivante, la France dans le plus grand danger. Le connétable de Bourbon, qui avait refusé de l'épouser, menacé par elle dans ses biens, s'allia avec les ennemis de sa patrie (1523), et conclut avec Henri VIII et Charles Quint un traité qui stipulait le partage de la France. La France repoussa l'ennemi de toutes ses frontières; mais, en Italie, l'incapable Bonnivet, opposé aux plus habiles capitaines de l'époque, Colonne, Lannoy, Bourbon, Pescaire, ne commit que des fautes, et se fit battre à Romagnano. Bayard fut tué en couvrant la retraite; et l'armée impériale, passant les Alpes à la suite de l'armée vaincue, s'empara d'Aix et de Toulon, et se retira avec perte, après avoir complétement échoué au siége de Marseille. François Ier s'était empressé de le devancer en Italie. Ce prince, qui faisait encore la guerre en vrai héros du moyen âge, s'obstina, malgré l'avis de ses plus habiles généraux, d'abord à assiéger Pavie, ensuite à engager le combat avec l'armée impériale. Il perdit la bataille, par son imprudence, et fut fait prisonnier (1525). Il écrivit le soir, selon la tradition, un seul mot à sa mère : *Madame, tout est perdu, fors l'honneur.* Tandis que la duchesse de Savoie profitait habilement du mécontentement des puissances étrangères, effrayées des succès de Charles Quint, pour préparer ou conclure des traités qui devaient garantir la sûreté du royaume, le roi, traité durement par Charles Quint, consentait, pour recouvrer sa liberté, à signer le traité honteux et funeste de Madrid (1526), qu'il s'était bien promis de ne pas observer. Après avoir obtenu sa liberté en donnant ses deux fils en otages, François Ier refusa d'exécuter les conditions humiliantes du traité de Madrid, qui stipulait le rétablissement de Bourbon dans ses domaines et la cession de la Bourgogne, et appuya son refus par une protestation des notables convoqués à Cognac. Presque tous les États d'Italie, les Suisses et le roi d'Angleterre, avaient conclu (1526), pour la délivrance de la Péninsule et des princes français, une sainte ligue avec le roi de France, qui ne les seconda point. Les troupes impériales, indisciplinées et mal payées, emportèrent Rome d'assaut, y commirent toute sorte d'atrocités, et firent le pape prisonnier. Bourbon, qui avait conduit ou suivi cette armée de brigands, fut tué en montant à l'assaut (1527). Alors l'Angleterre et la France déclarèrent la guerre à l'empereur. Lautrec, qui était venu, après quelques succès, mettre le siége devant Naples, se voyait au moment de la réduire, lorsque la défection de l'amiral génois Doria amena une suite de désastres. Lautrec mourut de la peste; et les débris de l'armée française, décimée par le fléau, quittèrent Naples, et ne furent point sauvés par la capitulation d'Aversa. Après la dispersion d'une nouvelle armée à Landriano (1529), les Français abandonnèrent encore une fois l'Italie. Les négociations ouvertes à Cambrai, entre Louise de Savoie et Marguerite d'Autriche, amenèrent la conclusion de la paix, également nécessaire à l'empereur menacé par les Turcs et par les protestants, et au roi de France, épuisé par une guerre ruineuse (1529). Charles Quint avait déjà signé le traité de Barcelone avec le pape; il signa, l'année suivante, avec les différents États d'Italie, celui de Bologne (1530), et fut couronné par le pape dans cette dernière ville.

Pendant que son rival repoussait Soliman de la Hongrie, châtiait les barbaresques, devenus le fléau de la Méditerranée, brisait les fers de 18 000 chrétiens captifs à Tunis, et les ramenait en triomphe en Europe, François Ier s'était préparé à une nouvelle lutte, en rétablissant ses finances, en créant une infanterie nationale, en négociant des alliances avec le roi d'Angleterre, les princes protestants d'Allemagne, le pape et le sultan Soliman. L'assassinat de son agent à la cour du duc de Milan fournit bientôt au roi de France une occasion et un prétexte pour recommencer les hostilités (1535). Mais au moment de reconquérir le Milanais, il se laissa tromper par Charles Quint, qui, après avoir rassemblé des forces considérables, fit envahir le Languedoc et la Picardie, et entra lui-même en Provence. La France, qui semblait perdue, résista partout avec succès. Les lieutenants de Charles Quint furent repoussés, et lui-même, ne pouvant se maintenir dans une province que Montmorency avait ruinée pour la mieux défendre, repassa les Alpes avec les débris de son armée. Après quelques hostilités sans résultats, les deux rivaux signent à Nice une trêve de dix ans (1538). Deux ans plus tard, Charles Quint, pressé d'aller punir les Gantois révoltés, obtint le passage par la France, trompa le roi par la promesse de céder le Milanais à un des fils de France, et rendit toute conciliation impossible, en donnant ce duché à son propre fils.

François Ier, dont deux agents ont été assassinés en Italie, recommence la guerre (1542). Il attaqua son rival sur cinq points à la fois, dans le Roussillon, le Piémont, le Luxembourg, le Brabant et la Flandre; et sa flotte, réunie à la flotte ottomane, alla incendier Nice. Charles Quint et Henri VIII, après avoir réduit à l'impuissance le duc de Clèves et le roi d'Écosse, le premier allié, le second gendre de François Ier, se concertèrent encore une fois pour la conquête de la France. Mais la France, déployant toutes ses ressources, toute sa vigueur, combattit avec cinq armées, et gagna en Piémont, sous les ordres du comte d'Enghien, la bataille de Cérizolles, où les impériaux perdirent 10 000 hommes, tous leurs canons, tous leurs bagages, tous leurs drapeaux (1543). Cependant Charles Quint s'était avancé à 52 kil. de Paris ; mais, mal secondé par son allié, et n'ayant plus autour de lui qu'une armée affaiblie et diminuée, sans argent et sans vivres, il s'estima heureux de signer le traité de Crespy (1544), par lequel Charles renonçait à la Bourgogne, François à Naples ; le duc d'Orléans devait être investi du Milanais. Les hostilités avec le roi d'Angleterre se terminèrent par le traité d'Ardres (1546), qui stipula la possession temporaire de Boulogne par les Anglais et son rachat pour 2 000 000 d'écus d'or. François Ier et Henri VIII moururent l'année suivante.

Les hostilités recommencèrent l'année suivante (1548), sous Henri II, successeur de François Ier. Ce prince, après avoir obtenu la restitution de Boulogne pour 400 000 écus, et s'être uni plus étroitement avec l'Écosse, en mariant la jeune reine Marie Stuart avec le Dauphin, soutint en Italie, contre le pape et l'empereur, la cause d'Octave Farnèse, dépouillé de Plaisance et menacé dans son duché de Parme. Appelé bientôt par l'Allemagne protestante, menacée dans sa liberté et dans ses biens par l'empereur, Henri II (1552) alla s'emparer des trois évêchés de Verdun, Toul et Metz, s'assura de la Lorraine, menaça Strasbourg, et prit dans le Luxembourg Danvilliers, Ivoi et Montmédy. Débarrassé de la guerre d'Allemagne par la convention de Passau, Charles Quint vint avec 100 000 hommes assiéger Metz, défendue par le duc de Guise, et se retira, après avoir perdu le tiers de son armée (1553). La guerre dura encore trois ans, marqués par la stérile victoire de Renty remportée par Henri II, par les ravages de l'amiral ottoman Dragut sur les côtes de l'Italie, par une belle campagne en Piémont de Brissac contre le duc d'Albe, général de Charles Quint. Enfin l'empereur abdiqua l'empire en faveur de son frère, laissa ses États héréditaires à son fils, et alla s'enfermer au couvent de Saint-Just, après avoir conclu avec Henri II la trêve de Vaucelles par laquelle chacun devait garder ce dont il était en possession (1556).

Philippe II, maître de l'Espagne, des Deux-Siciles, du Milanais et des Pays-Bas, riche des trésors du Mexique et du Pérou, pouvant disposer des flottes et des armées de l'Angleterre, dont il avait épousé la reine, Marie, zélée catholique, et débarrassé des soins pénibles de l'empire, devenait pour la France un rival plus redoutable et plus

dangereux que son père lui-même. Henri II, lié par un traité anté-
rieur envers le pape, rompt à son instigation la trêve de Vaucelles
(1557); et tandis que le duc de Guise, envoyé en Italie, ne peut rien
faire, faute d'argent et de troupes suffisantes, Montmorency se fait
battre complétement à Saint-Quentin, par les troupes espagnoles et
anglaises que commande Philibert-Emmanuel, duc de Savoie. Guise,
rappelé d'Italie, prit Calais, Ham, Thionville; mais de Thermes fut
battu et fait prisonnier à Gravelines. Ce fut le dernier événement de
cette longue guerre. Des négociations ouvertes à Cateau-Cambrésis
amenèrent une paix nécessaire, par laquelle la France ne gardait de
ses conquêtes que Calais, pour huit ans, les trois évêchés et quelques places de Savoie. Élisabeth, fille du roi de France, épousa Philippe II, et Marguerite, fille de François Iᵉʳ, fut donnée au duc de
Savoie. Henri II mourut des suites d'une blessure reçue dans un
tournoi donné à l'occasion de cette paix (1559).

XXVII. LA RÉFORME EN ALLEMAGNE ET EN SUISSE.

1. LUTHER. — 2. CALVIN.

1. Luther.

Les abus qu'on reprochait à la cour de Rome avaient depuis longtemps excité un mécontentement général et fait désirer une réformation. Déjà elle avait été tentée plusieurs fois en Italie, par Arnaud
de Brescia, par Valdus en France, par Wiclef en Angleterre. C'était
en Allemagne qu'elle devait commencer à jeter des racines profondes.
La vente des indulgences, ordonnée par Léon X, devint la cause immédiate et occasionnelle de la réforme. Le moine augustin Martin
Luther, professeur de théologie à l'université de Wittemberg, déclama
avec force contre ce trafic; puis, passant des abus aux dogmes mêmes,
il renversa bientôt une grande partie de l'édifice de la religion romaine. L'Allemagne suivit son apôtre avec enthousiasme. Les princes
se partagèrent: les uns embrassèrent la nouvelle doctrine, les autres
restèrent fidèles au saint-siége. Les diètes d'Augsbourg et de Spire
(1525-1526) ne décidèrent point entre la confédération catholique de
Ratisbonne et la ligue protestante de Torgau. Un décret de la diète
de Spire, provoqué par Charles Quint, parut aux princes luthériens
une atteinte à leur liberté. Ils protestèrent, et de là le nom de pro-

testants. Cependant, sur plusieurs points de l'Allemagne, on n'en était pas resté à la révolution opérée par Luther. Carlostadt, chef des sacramentaires, et les anabaptistes, portèrent la division dans la nouvelle église, et attaquèrent violemment l'ordre politique. Ces fanatiques insensés furent anéantis avec leur principal chef, Münzer, par les armes des princes.

L'empereur ayant condamné, à la diète d'Augsbourg (1530), la confession de foi que les princes protestants lui avaient présentée, ils s'assemblèrent la même année à Smalcalde, et conclurent une union ou alliance défensive, qui fut depuis renouvelée à plusieurs reprises, et dont Jean-Frédéric, électeur de Saxe, et Philippe le Magnanime se déclarèrent les chefs. A cette union des protestants les princes catholiques opposèrent la sainte ligue. Tout annonçait la guerre civile, lorsqu'une nouvelle irruption que firent les Turcs en Hongrie et en Autriche amena la paix de Nuremberg (1532), qui accordait aux luthériens le libre exercice de leur culte, jusqu'à ce qu'un concile général en eût décidé autrement. Après la retraite des Turcs, la lutte recommença. La victoire du landgrave de Hesse, à Lauffen, amena la paix de Cadan en Bohême, qui renouvela celle de Nuremberg (1534), et réunit les deux partis contre les anabaptistes, dont les chefs ne tardèrent pas, dans Munster, emporté d'assaut, à payer de la tête leurs sanglantes folies (1535). La guerre avec la France et les attaques de Soliman avaient détourné l'attention de Charles Quint des troubles intérieurs de l'Allemagne, où la ligue de Smalcalde était aux prises avec Henri, duc de Brunswick. L'influence de la réforme s'était accrue, et les luthériens possédaient la pluralité des suffrages dans le collége électoral. L'empereur, après avoir fait à Crespy sa paix avec la France, et conclu un armistice de cinq ans avec les Turcs, lança un édit de proscription contre l'électeur de Saxe et le landgrave de Hesse (1546), chefs de l'union, et, en s'alliant secrètement avec le duc Maurice, chef de la branche cadette de Saxe, et proche parent de l'électeur, il réussit à transférer le théâtre de la guerre du Danube sur l'Elbe. L'électeur, défait par l'empereur dans une action qu'il livra à Muhlberg (1547), tomba au pouvoir de son vainqueur, et le landgrave de Hesse eut, deux mois après, le même sort. L'union de Smalcalde fut dissoute ; la diète d'Augsbourg (1548) conféra à Maurice l'électorat de Saxe, et conjura la ruine du protestantisme en forçant les princes et États protestants de se réunir à l'Église romaine, moyennant un formulaire connu sous le nom d'*intérim*. Ces succès de Charles Quint, qui semblaient devoir l'ériger en maître absolu de l'empire, furent bientôt suivis de revers, à la suite desquels le protestantisme fut rétabli dans tous ses droits. L'électeur Maurice de Saxe leva le masque

(1552) : après avoir mis dans ses intérêts quelques princes d'empire, et conclu à Chambord une alliance secrète avec Henri II, roi de France, il marcha avec tant de rapidité contre l'empereur, qu'il faillit le surprendre à Inspruck, et qu'il l'obligea de recourir à la médiation de son frère Ferdinand, pour conclure avec Maurice le traité de Passau (1552). Trois ans après, dans une diète générale, assemblée à Augsbourg (1555), la paix définitive de religion fut arrêtée. Les deux religions devaient jouir d'une parfaite liberté de culte ; la sécularisation des biens ecclésiastiques fut maintenue ; mais une clause, connue sous le nom de réserve ecclésiastique, portait expressément que tout prélat ou ecclésiastique qui embrasserait la confession d'Augsbourg perdrait son bénéfice.

2. Calvin.

En Allemagne, la réforme avait, sous plusieurs rapports, été l'ouvrage des princes, auxquels elle soumettait l'Église : en Suisse et en France, dont le véritable réformateur fut Jean Calvin, protestant français réfugié à Nérac, elle fut toute démocratique. Pendant que les prédications de Luther remuaient l'Allemagne, Zwingle, prêtre de Zurich, sans s'être entendu avec lui, avait opéré le même mouvement en Suisse. Quatre cantons, Zurich, Berne, Schaffhouse et Bâle, avaient embrassé sa doctrine ; ceux de Glaris et d'Appenzell s'étaient partagés entre les anciens et les nouveaux dogmes. La même révolution s'étendit à Genève, dont les habitants se déclarèrent pour le nouveau culte et s'érigèrent en république libre et indépendante (1534). L'église de Genève, organisée, dirigée, gouvernée despotiquement depuis 1541 par Calvin, devint le point central du culte puritain, et l'académie fondée dans cette ville produisit une foule de théologiens et de littérateurs célèbres. Calvin, né à Noyon le 10 juillet 1509, et destiné à l'état ecclésiastique, fut initié par l'helléniste Wolmar aux principes du luthérianisme, vint dogmatiser à Paris à l'âge de vingt-trois ans, et, fuyant la persécution, trouva un asile à Nérac, d'où il ne tarda pas à passer à Genève. Cet homme, d'une taille médiocre, pâle et maigre, que l'on voyait quelquefois passer la main sur son front, mais dont le visage ne laissait voir aucune trace de profonde fatigue intellectuelle, et qui parlait toujours la tête haute, cet homme ébranla tout l'Occident. Il n'avait point l'impétuosité de Luther ; son style était triste et amer, mais fort, serré et pénétrant. Plus conséquent dans ses écrits que dans sa conduite, il commença par réclamer la tolérance auprès de François Ier, et finit par faire brûler le fameux antitrinitaire Servet.

XX. LA RÉFORME EN ANGLETERRE.

1. LES TUDORS; HENRI VIII; MARIE. — 2. ÉLISABETH. — MARIE STUART. — 3. JACQUES Ier. — CHARLES Ier. — CROMWELL. — 4. RESTAURATION DES STUARTS. — CHARLES II ET GUILLAUME D'ORANGE. — RÉVOLUTION DE 1688.

1. Les Tudors; Henri VIII; Marie.

Le fondateur de la dynastie des Tudors, Henri VII, avait paisiblement régné de 1485 à 1509. Ce fut sous son fils Henri VIII (1509-1547), que commença le changement de religion en Angleterre. Ce prince s'était d'abord érigé en champion de l'Église romaine, en publiant contre Luther un traité qui lui valut de la cour de Rome le titre de *défenseur de la foi*. Une passion violente qu'il conçut pour Anne de Boleyn, lui ayant fait désirer son divorce avec Catherine d'Aragon, il s'impatienta des délais du pape Clément VII, qui craignait de mécontenter Charles Quint dont Catherine était la tante, fit prononcer son divorce par Thomas Cranmer, archevêque de Cantorbery, et épousa Anne Boleyn. La sentence de l'archevêque fut cassée par le pape, qui publia une bulle comminatoire contre le roi. Ce dernier en prit occasion de faire abroger par le parlement l'autorité du pape en Angleterre, en prenant lui-même la qualité de chef suprême de l'Église anglicane. Il introduisit le serment de suprématie, en vertu duquel tous ceux qui entraient en charge étaient obligés de le reconnaître en sa qualité de chef suprême de l'Église. Un tribunal de haute commission fut établi pour juger en dernier ressort, au nom du roi, les causes ecclésiastiques. Les couvents furent supprimés et leurs biens confisqués au profit de la couronne. Le roi, réprouvant le culte des images, les reliques, le purgatoire, les vœux monastiques, la primauté du pape, sanctionna, par la loi des six articles, la présence réelle, la communion sous une seule espèce, le célibat des prêtres, la messe et la confession auriculaire, en infligeant des peines très-sévères à ceux qui ne regarderaient point cette loi comme règle de foi. Meurtrier de deux de ses femmes, Anne Boleyn et Catherine Howard, Henri VIII ne régna que par des supplices. Le premier des rois d'Angleterre, il prit le titre de roi d'Irlande. Enveloppé dans les différends qui partageaient alors les puissances du continent, il n'essaya point de tenir la balance entre la France et l'Autriche, et fit presque toujours cause commune avec l'empereur. La politique eut moins de part à cette conduite, que la passion et l'intérêt personnel de son ministre, le cardinal Wolsey, que l'empereur avait su gagner par l'espoir de la tiare.

La religion que Henri VIII avait donnée à l'Angleterre ne se maintint pas après sa mort. Édouaro VI (1547-1553), son fils et son successeur, introduisit le calvinisme pur ou le presbytérianisme. Marie (1553-1558), fille de Henri VII et de Catherine d'Aragon, parvenue au trône, rétablit la religion catholique, et sévit contre les protestants, dont elle fit brûler un grand nombre.

2. Élisabeth en Angleterre, Marie Stuart en Écosse.

Élisabeth (1558-1603), fille de Henri VIII et d'Anne de Boleyn, abrogea de nouveau l'autorité du pape, et se fit attribuer la qualité de suprême administratrice de ses royaumes dans le spirituel et dans le temporel. Adoptant les principes du calvinisme, en tout ce qui concerne le dogme, elle conserva du rit romain la hiérarchie et le gouvernement des évêques, et forma l'*église anglicane* ou *haute église*. En même temps la réforme faisait des progrès en Écosse et y était protégée par la reine Élisabeth. Marie de Lorraine, veuve de Jacques V et mère de Marie Stuart, reine d'Écosse et de France, qui gouvernait alors ce royaume, fit venir des troupes de France pour réprimer les sectateurs des nouveaux dogmes, qui venaient de former une ligue sous le nom de *congrégation.* Ceux-ci implorèrent le secours d'Élisabeth, dont les troupes, réunies aux Écossais mécontents, assiégèrent les Français à Leith, et les forcèrent de signer la capitulation d'Édimbourg (1560), qui portait : que les Anglais et les Français videraient l'Écosse, que François II et Marie Stuart renonceraient aux titres et aux armes des rois d'Angleterre, et qu'un parlement serait convoqué à Édimbourg pour la pacification des troubles. Ce parlement, qui s'ouvrit immédiatement, introduisit le calvinisme pur ou presbytérianisme, et alla jusqu'à défendre l'exercice de la religion catholique. Marie Stuart, de retour en Écosse, après la mort de François II (1561), fut obligée d'acquiescer à tous ces changements, et on lui laissa à peine la liberté d'avoir une chapelle à sa cour. Cette malheureuse princesse, en butte, comme catholique, à la haine de ses sujets, que les intrigues d'Élisabeth entretenaient avec soin, fut accusée depuis d'avoir fait assassiner Henri Darnley, son second époux, souleva une haine générale par son mariage avec Bothwell, meurtrier de ce jeune prince. Chassée de l'Écosse, elle fut réduite à se réfugier en Angleterre, où Élisabeth lui offrit une prison pour asile et la livra aux accusations de ses ennemis. Lorsque la mort du régent Morton eut fait perdre à Élisabeth son influence sur l'Écosse, elle y suscita de nouveaux troubles, mit en danger la liberté et la vie de Jacques VI, fils de Marie Stuart, et obtint cependant de lui une alliance avantageuse. Rien ne calmait, cependant, les craintes que donnaient à la reine d'Angleterre les partisans de

Marie Stuart, et cette princesse, faussement accusée de conspiration contre elle, paya de sa tête (8 février 1587) les inquiétudes de sa rivale. La politique et les intérêts de la réforme empêchèrent Jacques VI de venger le meurtre de sa mère. Les dernières années du règne d'Élisabeth furent marquées par sa rivalité avec Philippe II; par la révolte de l'Irlande catholique, sous Huges O'Neal, qui se termina, après une guerre de sept ans, par la soumission entière de l'île; par son intervention dans les troubles de la France; enfin par la mort de son favori, le comte d'Essex, qui se révolta contre elle, et qu'elle fit exécuter dans un moment de colère. La tristesse profonde qu'elle en conçut la conduisit au tombeau (1603).

La grandeur maritime de l'Angleterre prit naissance sous le règne d'Élisabeth. Cette princesse ranima l'industrie, le commerce et la marine. La navigation des Anglais, encouragée et protégée par elle, s'étendit peu à peu dans toutes les parties du globe. L'Anglais Richard Chanceller ayant découvert la route maritime d'Arkangel dans la mer Glaciale, le tzar Ivan Wassilievitch accorda à une compagnie anglaise (1569) un privilége exclusif pour le commerce de la Russie. Le commerce des Anglais avec la Turquie et le Levant, qui date de 1579, fut aussi concentré entre les mains d'une compagnie. François Drake fut le premier marin anglais qui exécuta, de 1577 à 1580, un voyage autour du monde. La rivalité avec l'Espagne, et la destruction de la flotte *invincible* de Philippe II par les flottes combinées de l'Angleterre et de la Hollande, donnèrent l'essor à la marine anglaise.

3. Jacques Ier. — Charles Ier. — Cromwell.

Avec Élisabeth finit la maison de Tudor, qui fut remplacée par celle de Stuart. Jacques VI, roi d'Écosse, monta sur le trône d'Angleterre, sous le nom de Jacques Ier, et prit le titre de roi de la Grande-Bretagne. Les commencements de son règne virent naître la lutte des communes avec la royauté. Les presbytériens d'Écosse et les catholiques d'Angleterre se montrèrent également ennemis d'un roi qui favorisait l'église anglicane. La conspiration des poudres, qui resta sans effet, peut faire juger à quel point le ressentiment était poussé. En même temps les communes refusaient des subsides, retranchaient à la couronne les droits de *tonnage* et de *pondage*, et s'élevaient contre les monopoles de tout genre, forçant ainsi le roi à vendre les honneurs et les titres. A l'influence du favori Robert Carr, comte de Sommerset, succéda celle de George Villiers, duc de Buckingham. Sous ce favori, des villes importantes furent rendues aux Hollandais pour le tiers de leur valeur, et l'alliance de l'Espagne fut recherchée. Trompé par l'Espagne et par l'Autriche, mal secondé par son parlement, Jacques ne put secourir que faiblement son gendre, l'électeur palatin, malgré son union avec la France par le mariage de son fils avec la sœur de Louis XIII. Il mourut en Irlande (1625).

La lutte contre le parlement continua sous le règne de son successeur Charles Iᵉʳ, doublement suspect par son mariage avec une princesse catholique et par son aveuglement pour son favori Buckingham. À la haine de l'arbitraire avec lequel ce prince créait et levait des impôts, se joignirent bientôt les passions religieuses, excitées par la tentative d'établir l'épiscopat en Écosse (1637). Une révolution éclata dans ce royaume ; le peuple s'y réunit dans un nouveau *covenant*. Charles commença par traiter. Aidé bientôt des secours de sa noblesse, des subsides du clergé et de ceux que lord Strafford lui avait fait donner par l'Irlande, il entra en campagne ; mais il traita encore, et la convocation du long parlement donna aux événements une nouvelle et déplorable direction (1640). Le supplice du comte de Strafford, condamné par un jugement illégal des communes, fut le signal des usurpations de cette assemblée. Elle s'allia aux Écossais révoltés, et accusa le roi du massacre des Anglais en Irlande. Charles, voyant son autorité entièrement méconnue, se retira à York, et leva à Nottingham l'étendard royal (1642). Malgré l'alliance de l'Angleterre avec l'Écosse par un covenant favorable au presbytérianisme, Charles se soutint quelque temps, avec les secours du prince palatin Robert et les troupes tirées d'Irlande. Mais ses défaites à Marston-Moor et à New-Lory et la prise d'Oxford (1644) commencèrent la ruine de son parti, consommée par la victoire des indépendants à Nazeby (1645). Livré au parlement par les Écossais, Charles passa bientôt des mains des communes presbytériennes à celles de l'armée dirigée par les indépendants et Cromwell. Décidé à la fuite par de perfides conseils, il fut repris dans l'île de Wight, ramené à Londres où Cromwell dominait, jugé et exécuté (30 janvier 1649), malgré quelques efforts de ses partisans et le repentir tardif des Écossais battus par les indépendants à la bataille de Preston.

Le parlement ne fut pas longtemps maître de l'État. Cromwell, après avoir soumis l'Irlande et vaincu les Écossais, partisans de Charles II, à la bataille de Dunbar (1650) et à la prise de Worcester (1651), chassa ignominieusement le parlement dont il tenait son pouvoir et le généralat, et se fit déclarer par une autre assemblée, lord protecteur de la république d'Angleterre, d'Écosse et d'Irlande. Cromwell gouverna l'Angleterre avec un pouvoir beaucoup plus étendu que n'avait été celui des rois. Dès 1651 il avait fait passer au parlement le fameux acte de navigation, qui servit à augmenter le commerce de la Grande-Bretagne et à donner à sa marine une prépondérance sur celle des autres nations. Cet homme extraordinaire rendit aussi à l'Angleterre sa considération au dehors; il fit même respecter son protectorat dans toute l'Europe. A la suite d'une guerre qu'il fit aux Hollandais, il les obligea, par la paix de Westminster (1654), de baisser pavillon devant les vaisseaux britanniques et d'abandonner les intérêts des Stuarts. Allié à la France contre l'Espagne, il enleva aux Espagnols l'île de la Jamaïque et le port de Dunkerque (1655-1658).

4. Restauration des Stuarts. — Charles II et Guillaume d'Orange. — Révolution de 1688.

A la mort de Cromwell (1658), les généraux se réunirent pour rappeler l'ancien parlement, dit le *Rump*. Richard, fils et successeur de Cromwell, se démit du protectorat. Des brouilleries s'étant élevées entre ce parlement et les généraux, le général Monk, gouverneur d'Écosse, battit les généraux et convoqua un nouveau parlement composé de deux chambres. Le premier acte de ce parlement fut le rappel des Stuarts et du roi Charles II (18 mai 1660). La popularité du nouveau prince fut bientôt diminuée par le rétablissement de l'église épiscopale, la vente de Dunkerque à la France, et l'exil de Clarendon, dont la sévère économie s'opposait aux prodigalités de la cour. Alors commencèrent les troubles et les factions qui furent les présages d'une nouvelle révolution; alors se formèrent deux partis bien distincts, le parti populaire et celui de la cour : de là les dénominations si célèbres de whigs et de torys, qui se sont maintenues jusqu'à nos jours. Charles accrut encore l'opposition qui se formait contre lui en s'alliant à la France contre la Hollande (1668), et n'obtint quelques subsides qu'en acceptant le bill du *test*, qui excluait les catholiques des charges de l'État. Charles II n'avait pas répondu au désir que la nation éprouvait d'armer contre la France, et la paix de Nimègue avait fait perdre l'occasion favorable. Les presbytériens écossais se soulevèrent en 1679; victorieux à London-Hill, ils furent battus au pont de Bothwell par le duc de Montmouth, tandis qu'une conspiration, ourdie par lord Shaftesbury, pour exclure de la couronne le duc d'York, catholique, échouait et entraînait la perte de ses principaux auteurs. Charles mourut sans enfants (1685).

Le duc d'York, son frère, lui succéda sous le nom de Jacques II (1685-1688). Le supplice du duc d'Argile et de Montmouth; la recherche impitoyable des complices de cette nouvelle conspiration; la faveur imprudente accordée sans précaution aux catholiques; les relations établies avec le pape; enfin la suspension indéfinie du parlement, en excitant l'indignation de l'Angleterre, favorisèrent les projets ambitieux de Guillaume d'Orange, gendre de Jacques, qui, appelé par les vœux du pays, s'empara de la couronne de son beau-père, en signant l'acte de déclaration des droits.

La victoire de Killikrankie sur les Écossais (1680), et celle de la Boyne sur Jacques II, en Irlande (1690), affermirent la couronne d'Angleterre sur la tête de Guillaume III. Libre de ce côté, il put diriger tous ses efforts contre la France, et forma contre elle deux coalitions puissantes. A l'intérieur, l'opposition du parlement et ses exigences humilièrent souvent sa fierté et empoisonnèrent la fin de sa vie (1702).

XXI. LA RÉFORME EN FRANCE.

1. GUERRES DE RELIGION. — CATHERINE DE MÉDICIS, CHARLES IX, LES GUISES, LA SAINT-BARTHÉLEMY. — 2. HENRI III, LA LIGUE, LES ÉTATS DE BLOIS. — 3. HENRI IV ET SULLY. — ÉDIT DE NANTES.

1. Guerres de religion. — Catherine de Médicis, Charles IX, les Guises, la Saint-Barthélemy.

La nouvelle religion ou la religion réformée que Luther prêcha en Allemagne et Zwingle en Suisse, fut connue et enseignée en France par les livres du républicain Chauvin ou Calvin de Noyon, écrits en français. Le calvinisme se présenta en France sous un aspect hostile au souverain, escorté par les factions politiques, et apportant des principes d'indépendance; c'est ce qui explique, encore plus que le zèle religieux de l'époque, les persécutions dont il fut l'objet. Dès l'année 1529, des bûchers furent dressés pour les partisans des nouvelles doctrines; l'année 1535 fut signalée par d'horribles cruautés provoquées par le fanatisme insensé des calvinistes, qui avaient renversé et mutilé une image de la Vierge et affiché dans toutes les grandes villes, et jusqu'à la porte du palais du roi, un libelle blasphématoire contre la messe et le dogme de la transubstantiation. La publication de l'*Institution de la religion chrétienne*, écrite par Calvin en français, avec une élégance peu commune dans ce temps, et répandue dans toute la France, est l'époque des progrès rapides que le calvinisme fit dans les hautes classes de la société. Effrayé de l'effet que ce livre produisit, François Ier publia le sanglant édit de Fontainebleau (1540), qui déclara la doctrine des hérétiques criminelle de lèze-majesté divine et humaine, et donna à tous les juges séculiers pouvoir de les juger et de les condamner sans appel. Mais ces cruautés étaient peu de chose en comparaison du massacre qui déshonora les dernières années du règne de François Ier. Une population de plusieurs milliers d'hommes, reste des anciens Vaudois, avaient trouvé un asile dans un coin du royaume, au milieu des Alpes qui séparent le Dauphiné du Piémont. Ils furent condamnés comme hérétiques par le parlement d'Aix et abandonnés à la fureur de leurs ennemis, à la tête desquels était le baron d'Oppède, président de ce parlement, et qui voulut exécuter lui-même la sentence qu'il avait prononcée.

La mort de Henri II en faisant arriver au trône le faible Fran- çois II, neveu des Guises par sa femme Marie Stuart, fit passer l'au- torité aux princes Lorrains, zélés défenseurs de la foi catholique.

La première étincelle des guerres de religion fut la conjuration d'Am- boise, formée par les calvinistes, sous la direction secrète des Bour- bons et des Coligni, dans le but de s'emparer du pouvoir, en renver- sant les Guises, que le faible et maladif François II avait choisis pour gouverner en son nom (1560). Le complot échoua par l'activité du duc de Guise, et un grand nombre de conjurés furent mis à mort. Le prince de Condé, arrêté à la suite d'une nouvelle révolte, fut sauvé par la mort prématurée de François II. La reine mère, Catherine de Médicis, chargée de la régence sous la minorité de Charles IX, essaya de ba- lancer les deux partis, en rendant la liberté au prince de Condé et en accordant aux calvinistes, par le fameux édit de janvier (1562), le libre exercice de leur culte hors des villes. Cet édit produisit la pre- mière guerre civile, dont le signal fut le massacre de Vassy, en Champagne.

Après s'être préparés à la lutte par des alliances et des secours de l'étranger, les deux partis se firent une guerre signalée par les ravages des soldats étrangers et la froide cruauté des chefs secondaires, entre autres du catholique Montluc et du protestant des Adrets. Après la mort du roi de Navarre, tué sous les murs de Rouen, emportée d'as- saut par les catholiques, une première bataille rangée fut livrée près de Dreux entre les deux armées, commandées par Condé et Montmo- rency. Guise assura la victoire aux catholiques par une brillante charge de cavalerie, et alla bientôt périr au siége d'Orléans, lâchement assassiné par le calviniste Poltrot (1563). Catherine signa, avec les calvinistes, l'édit de pacification, et reprit le Havre aux Anglais (1562). Mais la déclaration de la majorité du roi, l'édit de Roussillon, les conférences de la régente avec le duc d'Albe, excitèrent les craintes des calvinistes, et leur remirent les armes à la main (1567). Après avoir échoué dans le projet de s'emparer de la personne du roi, les calvinistes perdirent la bataille de Saint-Denis, dans laquelle Mont- morency fut tué, et signèrent bientôt, avec la cour, la paix de Long- jumeau (1568). Cette paix, appelée aussi *boiteuse* et *mal assise* ou *petite paix*, suspendit à peine les hostilités. Catholiques et calvinistes préludèrent, par des dévastations et des massacres, à la bataille de Jarnac (1569), dans laquelle les calvinistes furent mis en déroute, et leur général, Condé, fait prisonnier et assassiné par Montesquiou. Coligni, qui prit alors le commandement au nom du prince de Béarn, reconnu chef des calvinistes, remporta un léger avantage à la Roche-Abeille, assiégea inutilement Poitiers, défendu par le jeune duc de Guise, et, forcé par ses soldats de se battre à Montcontour, éprouva une désastreuse défaite (1569). Il répara cet échec, et sut inspirer des craintes assez sérieuses à Catherine de Médicis pour obtenir la paix avantageuse de Saint-Germain (1570). Lorsque le mariage du jeune roi de Navarre avec Marguerite de Valois, et les faveurs de Charles IX, eurent attiré à la cour la plupart des chefs protestants, Catherine, de concert avec les Guises, fit assassiner Coligni, et arracha aux terreurs du roi l'ordre d'un massacre général (24 août 1572). Coligni fut massacré, et avec lui une foule de victimes. Le roi de Navarre et le prince de Condé ne sauvèrent leur vie qu'en abjurant. Ce massacre, dont le roi s'avoua l'auteur et que le parlement ap--prouva, fut imité dans plusieurs villes du royaume ; mais quelques gouverneurs s'honorèrent par une généreuse désobéissance. Le crime fut inutile : les protestants se défendirent en désespérés dans les villes que la paix de Saint-Germain leur avait assurées, et la Ro-chelle, dont ils avaient fait le siége et le centre de leur parti, obtint, après un siége de six mois, une paix avantageuse (1573). Charles IX, qui n'avait fait que languir depuis la Saint-Barthélemy, frappé d'une horrible maladie, expira bientôt dans les convulsions du remords (1574).

2. Henri III, la Ligue, les États de Blois·

Tandis que les calvinistes et un troisième parti, celui des *politiques* ou *malcontents,* resserraient leur confédération, fortifiée par la présence du duc d'Alençon, et du roi de Navarre et des troupes que leur amenait le comte palatin, le nouveau roi, Henri III, se montrait, au milieu d'une cour infâme, tout occupé des soins les plus frivoles, de pratiques extérieures de dévotion ou d'ignobles saturnales. Catherine, qui gouvernait l'indigne monarque, lui fit conclure avec les fédérés la funeste paix de Beaulieu qui assurait leur triomphe (1576). Alors les ligues partielles qui s'étaient formées dans le parti catholique pour la défense de la religion et de la royauté, se réunirent en une seule, que devaient soutenir de tout leur pouvoir le pape et le roi d'Espagne, Philippe II, et dont le chef ne pouvait être que Henri de Guise. Le roi crut faire un coup d'État en se déclarant chef de la ligue, sans prendre aucune mesure pour soutenir ce nouveau rôle. La ligue avait fait décider la guerre contre les calvinistes; elle fut interrompue par l'édit de Poitiers (1577), les traités de Nérac (1579) et de Fleix (1580). La mort du duc d'Anjou, qui rendait le roi de Navarre héritier présomptif de la couronne, porta à son comble les craintes du parti catholique. La ligue mit tout en usage pour échauffer le zèle de ses partisans, reconnut pour chefs le cardinal de Bourbon et les princes lorrains, et força le faible Henri III à signer le traité de Nemours (1585), par lequel il proscrivait toute religion autre que la religion catholique. La ligue, devenue bientôt plus puissante encore par la formation dans son sein d'un nouveau centre d'action, le fameux conseil des seize, ou chefs des seize quartiers de Paris, fit excommunier par le pape le roi de Navarre et le prince de Condé, et força le roi à confirmer, par un nouvel édit, celui de Nemours. Alors commença la huitième guerre civile, dite des trois Henri. Trois armées, commandées par Henri III, Joyeuse et Guise, marchèrent contre les Bourbons et leurs auxiliaires allemands. Le roi de Navarre fit éprouver à l'armée de Joyeuse une sanglante défaite à Coutras (1587), et Guise battit, dans trois rencontres, l'armée allemande. Cependant les seize, furieux de la victoire du prince hérétique, du coup que la reine d'Angleterre avait porté au parti catholique en faisant tomber la tête de Marie Stuart, des prodigalités du roi et de sa frivole insouciance, formèrent plusieurs complots contre sa liberté, et finirent par appeler Guise à leur secours. Le chef de la ligue fut reçu en triomphe, et le faible monarque, bravé jusque dans son palais, entouré de mille barricades, se vit, avec ses troupes, à la merci d'un peuple furieux. Il s'échappa, tandis que sa mère négociait avec Guise, et signa bientôt, à la suite de nouvelles négociations, l'édit de réunion (1588), par lequel il s'engageait à extirper l'hérésie, reconnaissait pour son successeur le cardinal de Bourbon, nommait Guise lieutenant général du royaume et convoquait les états généraux à Blois. Ces États de Blois qui devaient assurer le triomphe de la ligue et de son chef, n'étaient en réalité qu'un piège. Henri III avait résolu de se défaire de son ennemi; et Guise, méprisant les nombreux avertissements qui lui arrivaient de toutes parts, fut assassiné presque sous les yeux du roi, et le cardinal, son frère, massacré. Paris et les principales villes du royaume se révoltèrent à la nouvelle de cet attentat, et Mayenne, frère de Guise, fut nommé lieutenant général du royaume. Dans cette extrémité, Henri III se décida à faire cause commune avec les calvinistes, en se jetant entre les bras du roi de Navarre. Les deux rois vinrent avec 42 000 hommes assiéger Paris, défendu seulement par 10 000 hommes, mais furieux et désespérés. Alors un scélérat fanatisé, Jacques Clément, assassina Henri III, qui recommanda en mourant, aux seigneurs de son armée, de reconnaître le roi de Navarre, et à celui-ci de se faire catholique (1589).

La nouvelle de l'assassinat de Henri III fit éclater dans Paris une joie insensée, et on présenta l'image du régicide à la vénération du peuple; mais la ligue se divisa dès lors en deux partis, et Mayenne, son chef, refusant la couronne qu'on lui offrait, laissa proclamer le cardinal de Bourbon sous le nom de Charles X. Le chef de la ligue alla ensuite, avec une nombreuse armée, chercher le roi de Navarre dans la Normandie, et se fit battre complétement par une poignée de braves sous les murs du château d'Arques (1589). Henri, reprenant l'offensive, vint, après quelques conquêtes, mettre le siége devant Dreux, et remporta sur l'armée de la ligue la célèbre victoire d'Ivry (1590). Maître des villes qui approvisionnaient Paris, il le bloqua étroitement en s'emparant des faubourgs, et le réduisit aux dernières extrémités de la famine. Tandis que les seize entretenaient le fanatisme du peuple par des processions ridicules, Henri laissait entrer des vivres dans la place, et était forcé de lever le siége par l'arrivée du prince de Parme. Le parti des seize, devenu le plus fort par les secours du pape et du roi d'Espagne, et par la division du parti des modérés, sur lequel s'appuyait Mayenne, fit jurer qu'on ne reconnaîtrait point le roi de Navarre, quand même il se ferait catholique, et fit pendre trois membres du parlement qui voulaient s'opposer à ses fureurs. Cet attentat perdit les seize. Mayenne accourut, s'empara de la Bastille, fit pendre quatre des plus exaltés du parti, et défendit, sous peine de mort, toute assemblée secrète (1591). Aux états généraux de Paris, assemblés pour l'élection d'un roi (1593), Philippe II réclama la couronne de France pour sa fille, l'infante Isabelle, et, malgré la mort du prince de Parme et la nouvelle de l'abjuration de Henri IV, il fortifia son parti, en promettant de donner pour époux à la jeune reine Charles de Guise. Mais le parlement protesta contre la violation de la loi salique, et Mayenne ajourna l'élection. La ligue était morte désormais. L'abjuration de Henri IV à Saint-Denis, bientôt suivie de son sacre à Chartres, lui avait ôté son prétexte, et la satire Ménippée lui donna le coup de grâce.

3. Henri IV et Sully. — Edit de Nantes.

Henri IV fit son entrée solennelle à Paris, et accorda une amnistie générale (1594). Il lui en coûta cependant des sommes énormes pour tirer des mains des ambitieux qui les possédaient, sous la protection du roi d'Espagne, les plus belles provinces du royaume. Henri recommença la guerre contre Philippe II (1595), et tandis qu'il se couvrait de gloire au combat de Fontaine-Française, ses lieutenants se faisaient battre et laissaient prendre par les Espagnols Dourlens, Cambrai, Calais, Ham, Guines et Ardres. Abandonné par la plupart des seigneurs calvinistes, le roi convoqua les notables à Rouen, n'obtint que de faibles résultats, et sembla un moment découragé; mais à la nouvelle de la surprise d'Amiens par les Espagnols, il reprit toute son énergie, rassembla l'argent et les troupes nécessaires, et rentra en possession de cette place importante. Philippe II, qui se mourait alors, signa la paix de Vervins, par laquelle il rendait toutes les places occupées par ses troupes (1598). La même année, pour assurer la paix intérieure, Henri publia l'édit de Nantes, qui accordait aux calvinistes le libre exercice de leur culte, les déclarait admissibles à toutes les dignités, offices et charges, établissait dans chaque parlement une chambre composée en nombre égal de magistrats des deux religions, et leur abandonnait un certain nombre de places de sûreté, entre autres la Rochelle et Montauban.

Le royaume, recouvré par Henri IV après tant de travaux, n'offrait qu'un déplorable chaos d'anarchie et de misère. Les principaux seigneurs étaient devenus autant de petits souverains; les finances étaient dilapidées; le dernier surintendant avait laissé une dette de 330 millions : de 150 millions qui étaient levés sur le peuple, il en entrait à peine 30 dans le trésor royal. Un ami du roi, Sully, nommé surintendant des finances, s'occupa avec ardeur de remédier à tant de maux. Il fit licencier une partie des troupes, diminua les impôts, paya les dettes de la couronne, racheta les domaines aliénés, répara les places fortes, remplit les magasins et les arsenaux, et mit en réserve 40 millions. Il encouragea et favorisa l'agriculture par des édits pleins de sagesse, et en multipliant les moyens de communication, tandis que le roi, de son côté, donnait une puissante impulsion à l'industrie et au commerce, en favorisant l'établissement de nombreuses manufactures et en protégeant toutes les entreprises utiles.

Mais au milieu de ces soins pour la prospérité de la France, Henri eut à lutter contre deux causes principales de désordre, ses propres faiblesses, et l'ambition de quelques seigneurs qui conspiraient sans cesse avec l'étranger. Après avoir heureusement échappé aux complots du duc de Savoie, qui s'estima heureux de signer la paix de Lyon (1601), de Biron, qui paya de sa tête son obstination dans de criminelles intrigues (1602), et du comte d'Entragues (1604), Henri parvenu au comble de la gloire et de la puissance, terminait comme arbitre les différends survenus entre le pape et la république de Venise (1607), amenait entre l'Espagne et les Provinces-Unies la conclusion d'une trêve par laquelle l'indépendance de ces dernières était implicitement reconnue (1609), voyait son alliance recherchée par le duc de Savoie, les habitants de la Valteline et les princes allemands. Il allait abaisser la maison d'Autriche; d'immenses préparatifs, l'alliance et le concours de la plupart des États de l'Europe, semblaient assurer le succès de l'entreprise, lorsque ce prince, qui avait échappé dix-sept fois au poignard des assassins, tomba sous le couteau de l'infâme Ravaillac, dans la rue de la Ferronnerie (14 mai 1610).

XXII. LA RÉFORME DANS LES PAYS-BAS.

1. LE DUC D'ALBE. — 2. LE PRINCE D'ORANGE. — INDÉPENDANCE DE LA HOLLANDE.

1. Le duc d'Albe.

Déjà sous le règne de Charles Quint, qui avait réuni en un seul corps les dix-sept provinces des Pays-Bas, la réforme y avait pénétré et s'était associée à ces bandes de *Rederikers* qui couraient le pays en déclamant contre les abus. Lorsqu'il les eut cédées à son fils Philippe II, ce prince, dont la maxime était : *Plutôt ne pas régner que de régner sur des hérétiques,* s'occupa sérieusement d'y établir les formes régulières de l'administration, de la législation, de la religion espagnole. Dès 1558, pour détruire dans les Pays-Bas le protestantisme avec les libertés qui lui servaient d'appui et favorisaient ses progrès, il y introduisit les troupes espagnoles, y maintint l'inquisition, et, en partant pour l'Espagne, confia le gouvernement à sa sœur naturelle, Marguerite de Parme, sous la surveillance d'un conseil dirigé par Granvelle, ennemi zélé de l'hérésie.

Revenu en Espagne pour n'en plus sortir, Philippe II fit construire, en mémoire de sa victoire de Saint-Quentin, le fameux monastère de l'Escurial, fixa la constitution de l'inquisition (1561), fit périr son fils don Carlos, soupçonné d'avoir pensé à aller se mettre à la tête des mécontents des Pays-Bas (1568), réprima par d'atroces rigueurs la révolte des Mauresques (1571), conquit le Portugal (1580), et épuisa les immenses ressources de sa monarchie à faire une guerre à mort à l'hérésie dans toute l'Europe. L'Espagne se ressent toujours des sacrifices que lui imposa le *démon du midi,* dans cette lutte contre la liberté de conscience. Le marasme où elle est encore date de ce règne funeste.

Dans les Pays-Bas, les persécutions de l'inquisition, l'établissement de nouveaux évêchés dotés aux dépens des anciens monastères et abbayes, le renversement des vieilles libertés du pays, et la publication des décrets du concile de Trente, avaient soulevé une haine générale contre Philippe II et contre son ministre Granvelle, regardé comme le conseiller ardent de toutes ces mesures. Les représentations des principaux nobles obtinrent le rappel de ce ministre (1563), mais elles échouèrent sur tous les autres points. Alors les plus grands seigneurs des Pays-Bas formèrent le *compromis de Breda* ou confédération des gueux, et exposèrent, dans une requête à la gouvernante, les nombreux griefs dont ils réclamaient le redressement. En même temps les calvinistes soulevés pillèrent et profanèrent un grand nombre d'églises, et introduisirent par force l'exercice du culte protestant.

Alors arriva dans les Pays-Bas, à la tête d'une armée de 20 000 hommes, le fameux duc d'Albe (1567). La gouvernante donna sa démission, et une foule de calvinistes transportèrent en Angleterre leurs fabriques et leur industrie. Le premier acte du duc d'Albe fut l'établissement du tribunal nommé *conseil des troubles* par les Espagnols et *conseil de sang* par les Brabançons. On porte à plus de quarante mille le nombre de ceux qui perdirent leur fortune ou la vie par les sentences de ce tribunal, dont les uniques arbitres étaient le duc d'Albe et son confident Jean de Vargas. Parmi les plus illustres victimes, on remarque les comtes d'Egmont et de Horn, dont l'exécution excita une indignation générale, et fut comme le signal de la révolte et de la guerre civile des Pays-Bas.

La gueuserie, qui semblait déjà oubliée, commença alors à revivre, et on distingua depuis trois espèces de gueux : les *gueux* proprement dits, ou tous les mécontents; les *gueux des bois,* qui, cachés dans les bois et les marais, n'en sortaient que pendant la nuit pour commettre toute sorte d'excès ; les *gueux marins,* qui s'attachaient à exercer la piraterie, à infester les côtes et à tenter des descentes.

2. Le prince d'Orange. — Indépendance de la Hollande.

Ce fut dans ces circonstances que le prince d'Orange, surnommé le *Taciturne,* l'un des plus constants adversaires du despotisme espagnol, aidé du comte de Nassau, son frère, rassembla dans l'empire différents corps de troupes avec lesquels il attaqua les Pays-Bas en plusieurs endroits à la fois (1568). Bientôt, mettant dans ses intérêts les gueux marins, il entreprit la guerre maritime contre les Espagnols. Les gueux de mer, s'étant emparés par surprise de la ville de Briel dans l'île de Voorn (1572), virent se déclarer pour eux les villes de la Zélande et de la Hollande. Cette même année, dans une assemblée tenue à Dordrecht, le prince d'Orange fut déclaré stathouder des provinces de Hollande, Zélande, Frise et Utrecht; on introduisit la religion réformée ou culte de Genève, et on convint de ne transiger avec les Espagnols que d'un commun accord. Cette république naissante prit consistance à la suite de plusieurs avantages remportés sur les Espagnols. En 1576, une union générale, connue sous le nom de *pacification de Gand,* fut conclue entre les états généraux des Pays-Bas et ceux de la Hollande et de Zélande, par laquelle on se promettait des secours réciproques pour expulser entièrement les troupes espagnoles des Pays-Bas. Ils allaient y réussir, lorsque Alexandre Farnèse, prince de Parme, vint relever le parti espagnol, et faire rentrer sous la domination de Philippe II les villes et provinces wallones de Flandre, d'Artois et de Hainault (1579). Alors le prince d'Orange, prévoyant que la confédération générale ne se maintiendrait pas, forma, par le fameux traité d'union conclu à Utrecht, la confédération particulière des sept provinces de Gueldre, Hollande, Zélande, Utrecht, Over-Yssel, Frise et Groningue. La déclaration formelle d'indépendance des provinces confédérées n'eut lieu qu'en 1581, et fut opposée par le prince d'Orange à l'édit de proscription lancé contre lui par la cour d'Espagne. Le prince d'Orange fut assassiné trois ans après à Delft (1584), et les Espagnols profitèrent de la consternation que cet événement répandit parmi les confédérés pour reconquérir plusieurs provinces des Pays-Bas. La confédération générale dépérit insensiblement, et l'union particulière d'Utrecht entre les sept provinces fut seule maintenue.

Alliée étroitement avec l'Angleterre, la nouvelle république tint tête aux Espagnols, et augmenta considérablement ses forces, en recevant dans son sein une foule de réfugiés des provinces belges et de la France. On compte jusqu'à cent mille de ces réfugiés qui, lors de la prise d'Anvers par le prince de Parme (1585), transportèrent dans la Hollande et à Amsterdam leur fortune et leur industrie. La république se trouva assez puissante pour se soutenir seule, lorsque la paix de Vervins (1598) lui eut enlevé l'appui de la France. La bataille de Nieuport, gagnée par Maurice d'Orange, et la victoire navale de Gibraltar, forcèrent l'Espagne à conclure, sous la médiation de la France, la trêve de douze ans (1609). Sous Henri, frère de Maurice, l'alliance de la France et des États Généraux (1635) affermit encore la république, dont l'indépendance fut formellement reconnue par l'Espagne à la paix de Munster (1648). Dans cette lutte, elle n'avait pas seulement trouvé la liberté, mais la fortune. Elle avait hérité de tout le commerce de l'Espagne et du Portugal.

La rivalité de Philippe II et d'Élisabeth n'est autre chose que la lutte des deux partis religieux qui se disputaient alors l'Europe, le cathocisme et la réforme. Philippe II, l'un des rois les plus nationaux de l'Espagne, qui avait juré une guerre à mort à la réforme, trouva partout, en Écosse, en France, dans les Pays-Bas, Élisabeth ralliant contre lui les protestants, ou les couvrant de sa protection. Ce ne fut au reste qu'après trente ans de lutte, lorsque la tête de Marie Stuart fut tombée sur l'échafaud, que les deux adversaires se prirent corps à corps. Alors Philippe II lança contre l'Angleterre (1588) cet armement formidable que les Espagnols décorèrent d'avance du titre d'*invincible armada*, et que détruisirent les tempêtes et la marine anglaise. Après ce coup terrible, dont son adversaire ne se releva pas, Élisabeth continua à affaiblir l'Espagne, en envoyant des secours à Henri IV et aux Hollandais, en ravageant les colonies espagnoles, en s'emparant de Cadix, en soumettant l'Irlande soulevée par Philippe II.

XXIII. GUERRE DE TRENTE ANS.

1. FERDINAND II, WALLENSTEIN, GUSTAVE-ADOLPHE. — 2. TRAITÉ DE WESTPHALIE. — 3. ÉQUILIBRE EUROPÉEN.

1. Ferdinand II, Wallenstein, Gustave-Adolphe.

Des différends de plus d'un genre s'étaient élevés à la suite de la paix d'Augsbourg, dont chaque parti interprétait les articles à son avantage. Dans la prévision d'une lutte, les princes protestants avaient renouvelé leur union à Heilbron (1594) et à Halle (1608 et 1610); les princes catholiques avaient signé une nouvelle ligue à Würtzbourg (1609). L'ouverture de la succession de Juliers, réclamée par plusieurs prétendants et convoitée par l'Autriche, avait rendu la guerre inévitable, lorsque la mort de Henri IV, qui devait être le chef de la grande ligue contre l'Autriche, rompit toutes les mesures et amena une paix momentanée entre les deux partis. Mais en 1618 éclata la guerre de 30 ans, qui de la Bohême s'étendit par toute l'Allemagne, et qui embrasa successivement une grande partie de l'Europe. Cette longue guerre, à laquelle la politique eut autant de part que le zèle religieux, peut se diviser en quatre périodes principales : la Palatine, la Danoise, la Suédoise, la Française.

Frédéric V, électeur palatin et chef de l'union protestante, ayant été élu roi (1619) par les états du royaume de Bohême, soulevés contre l'empereur Ferdinand II, entreprit la guerre contre ce prince; mais, abandonné de ses alliés, et défait à la bataille de Prague (1620), il fut chassé de la Bohême et dépouillé de tous ses États. Bientôt les armes victorieuses de l'Autriche s'étendirent dans une grande partie de l'empire.

Christian IV, roi de Danemark, allié de plusieurs princes protestants, prit alors la défense du système germanique. Il ne fut pas plus heureux que ne l'avait été l'électeur palatin. Vaincu par le général bavarois Tilly à la fameuse journée de Lutter (1626), et menacé par les exploits du général impérial Wallenstein, il fut forcé d'abandonner la cause de ses alliés et de signer une paix séparée avec l'empereur à Lubeck (1629).

Gustave-Adolphe. roi de Suède, suivit de près les traces du monarque danois (1630). Encouragé et aidé par la France, il se mit à la tête des princes protestants pour arrêter les projets ambitieux de Ferdinand II, qui, par son général Wallenstein, qu'il avait créé duc de Friedland et investi du duché de Mecklembourg, faisait la loi à tout l'empire, et menaçait même les royaumes du nord. Rien de plus brillant que les campagnes du héros suédois. Il parcourut l'Allemagne en vainqueur, mit à bout toute la science militaire des plus fameux généraux de l'empire, leur enleva tout l'occident de l'Allemagne, fit trembler l'empereur jusque dans Vienne, et gagna les célèbres batailles de Leipzik et de Lutzen (1631-1632). Il fut tué dans cette dernière, au milieu de son triomphe, et avec lui tomba la fortune des Suédois. La bataille décisive de Nordlingue (1634), perdue par le meilleur élève du héros suédois, Bernard, duc de Saxe-Weimar, et la paix de Prague, rendirent à l'Autriche toute sa supériorité.

Ce fut à cette époque que la France, qui jusqu'alors n'avait soutenu que faiblement les Suédois et les princes protestants, jugea conforme à ses intérêts de prendre hautement leur défense contre l'Autriche (1635). En déclarant la guerre à l'Espagne, Richelieu fit marcher à la fois des armées dans les Pays-Bas, en Italie, en Espagne et en Allemagne. Bernard de Saxe-Weimar, et trois généraux français, Guébriant, Turenne et le duc d'Enghien, se signalèrent successivement par leurs exploits dans l'empire, pendant que les élèves de Gustave-Adolphe, Banner, Torstenston et Wrangel, s'illustrèrent à la tête des armées suédoises, dans les campagnes nombreuses qui eurent lieu depuis 1635 jusqu'à la conclusion de la paix.

2. Traité de Westphalie.

Jamais négociations ne furent ni plus longues ni plus compliquées que celles qui précédèrent le traité de Westphalie. Les préliminaires en furent signés à Hambourg en 1641 ; mais l'ouverture du congrès à Munster et à Osnabruck n'eut lieu qu'en 1644. Les comtes d'Avaux et Servien, plénipotentiaires de France, partagèrent avec Oxenstiern et Salvius, plénipotentiaires suédois, la principale gloire de cette négociation. Elle fut prolongée à dessein, parce que les puissances belligérantes espéraient, d'un jour à l'autre, voir changer en leur faveur les événements de la guerre. Ce ne fut que le 24 octobre 1648 que la paix fut signée à Munster et à Osnabruck. Cette paix, renouvelée dans tous les traités subséquents et érigée en loi fondamentale de l'empire, régla définitivement la constitution du corps germanique. Les droits territoriaux des États, connus sous le nom de *supériorité territoriale,* le droit de faire des alliances entre eux et avec les puissances étrangères, et de concourir avec l'empereur, dans les diètes, au gouvernement général de l'empire, leur furent assurés de la manière la plus formelle, et garantis par le concours des puissances étrangères. La paix de religion de 1555 fut confirmée de nouveau, et étendue aux calvinistes. La France obtint par ce traité la souveraineté des trois évêchés, Metz, Toul et Verdun, ainsi que celle de l'Alsace. Outre la Poméranie citérieure et la ville de Wismar, la Suède eut l'archevêché de Bremen et l'évêché de Verden. On assigna à la maison de Brandebourg avec la Poméranie ultérieure, l'archevêché de Magdebourg, les évêchés de Halberstadt, de Minden et de Cammin. La maison de Mecklembourg reçut les évêchés de Schwerin et de Ratzebourg. Un huitième électorat fut érigé en faveur de l'électeur palatin, que l'empereur avait dépouillé pendant la guerre de sa dignité électorale pour la transférer sur le duc de Bavière avec le Haut-Palatinat. L'indépendance de la Suisse à l'égard de l'empire, et celle des Provinces-Unies à l'égard de l'Espagne et de l'empire, furent formellement reconnues.

3. Équilibre européen.

Ainsi avait été résolu contre la maison d'Autriche le grand problème de la politique moderne, celui de l'équilibre européen. Le but de ce système, qui dirigea dès lors la politique de tous les grands cabinets, était le maintien d'une parfaite égalité de droits, en vertu de laquelle le plus faible devait jouir avec sécurité de tout ce qu'il possédait à juste titre. Le système était entièrement défensif et préservatif; mais il ne tendait pas à faire cesser toutes les guerres; il n'était tourné que contre les guerres de conquête. Son principe fondamental était d'empêcher qu'aucun État n'acquît une puissance assez considérable pour résister aux forces réunies des autres ou de plusieurs d'entre eux.

XXIV. FRANCE ET ESPAGNE.

1. LOUIS XIII. — 2. LE CARDINAL DE RICHELIEU. — 3. MINORITÉ DE LOUIS XIV. — MAZARIN. — 4. LA FRONDE. — 5 PAIX DES PYRÉNÉES.

1. Louis XIII.

Au moment où il tomba sous le poignard de Ravaillac, Henri IV, libre de soucis intérieurs, ayant grâce à Sully une belle armée, un trésor et des arsenaux remplis, songeait à rendre à la France la place qu'elle doit tenir en Europe. Sa mort sauva la maison d'Autriche.

Marie de Médicis, que le parlement intimidé avait déclarée régente, abandonna la politique de Henri IV, et négocia un double mariage avec la maison d'Autriche. Gouvernée par le Florentin Concini, elle apaisa une première révolte des grands, qu'indignait la prodigieuse faveur d'un étranger, en leur accordant des pensions, des dignités et la convocation des états généraux (1614). Trompés dans leur espoir d'amener par le moyen des états généraux une révolution en leur faveur, les grands voulurent faire servir le parlement au même but et ne réussirent pas mieux. Ils prirent les armes, d'accord avec les protestants, et échouèrent dans leur projet d'empêcher le double mariage conclu avec l'Espagne ; mais ils obtinrent de la régente, par la paix de Loudun (1616), des gouvernements, des places de sûreté, des charges et des pensions. Condé, admis alors au gouvernement, dissimula mal son projet de s'emparer de toute l'autorité et son mépris pour le favori ; mais Concini, poussé à bout, le fit arrêter au Louvre, enfermer à Vincennes, et leva sept mille hommes à ses frais pour conserver le pouvoir. Cet homme si puissant fut renversé par une intrigue de cour. Louis XIII, décidé par son favori, Albert de Luines, à se soustraire à une tutelle honteuse, donna l'ordre d'arrêter l'orgueilleux Concini, qui fut tué sur le pont du Louvre ; sa veuve, Léonore Galigaï, fut exécutée comme sorcière (1617). La reine mère, exilée à Blois, trouva moyen de s'échapper et réunit autour d'elle tous les mécontents. La guerre civile entre la mère et le fils fut prévenue par les traités d'Angoulême (1619) et d'Angers (1620). Tranquille de ce côté, de Luines publia un édit qui prononçait la réunion du Béarn à la couronne et la restitution des biens ecclésiastiques. Les protestants irrités publièrent une *déclaration d'indépendance* (1621), se constituèrent en véritable république fédérative et se préparèrent à la guerre. L'armée royale, commandée par le protestant Lesdiguières, sous les ordres de Luines, nommé connétable, n'eut besoin que de se présenter devant la plupart des villes pour obtenir leur soumission; mais elle fut obligée, après des efforts inutiles, de lever le siége de Montauban. Cet échec désespéra le connétable, qui mourut dans cette campagne. La guerre continua, et, après quelques succès de l'armée royale, Lesdiguière, qui, ayant fait abjuration, venait de recevoir l'épée de connétable, fit conclure la paix de Montpellier (1622) à des conditions avantageuses pour les protestants. Deux ans après (1624), la reine mère, qui avait repris une partie de son crédit et de sa puissance, fit entrer Richelieu dans le conseil.

2. Le cardinal de Richelieu.

Richelieu, poussé au conseil par la reine mère, s'empara bientôt de tout le pouvoir, et, sans se laisser effrayer par les difficultés qui l'environnaient, il forma le triple projet d'abattre le parti calviniste, de soumettre les grands et d'abaisser la maison d'Autriche. Les calvinistes, ayant à leur tête les deux frères Soubise et Rohan, ne tardèrent pas à recommencer les hostilités, sous prétexte de quelques infractions à la paix de Montpellier (1625). Richelieu les fit attaquer par une flotte de vaisseaux anglais et hollandais, montés par des soldats français, s'empara des îles de Ré et d'Oléron, et, trop occupé des affaires d'Allemagne pour poursuivre ses succès, leur accorda la paix à des conditions avantageuses (1626). Le favori du roi d'Angleterre, le fat Buckingham, à qui Richelieu avait fait interdire l'entrée du royaume, força Charles Ier à se déclarer en faveur des protestants français et alluma la troisième guerre de religion en venant débarquer dix mille hommes dans l'île de Ré (1627). Il en fut bientôt chassé avec une grande perte, et abandonna les Rochellois à la vengeance de Richelieu, qui avait fait tous ses préparatifs pour s'emparer de la Rochelle, centre de la puissance des calvinistes, le foyer de leurs mouvements et le principe de leurs richesses. Richelieu ferma la mer aux Rochellois par une prodigieuse digue, soumit les soldats à la discipline et fit plier à l'obéissance l'orgueil militaire des chefs. Les assiégés résistèrent d'abord avec courage, animés par le fanatisme de leur maire Guiton; mais, abandonnés par les Anglais, qui avaient essayé inutilement de forcer la digue, et réduits à l'extrémité, ils se soumirent et obtinrent le libre exercice de leur culte; leurs priviléges furent abolis et leurs fortifications rasées (1628). Ce coup tua le protestantisme comme parti politique. Le duc de Rohan résista encore pendant quelques mois dans le Languedoc avec les secours de l'Espagne et se soumit à Alais au nom de tous les protestants (1629).

Cette grande affaire qui devait avoir de si heureux résultats pour la force de la France fut menée de front avec une autre, la soumission des grands.

Richelieu lutta pendant tout son ministère contre les factions et les intrigues d'une cour où il n'avait que des ennemis. Le faible Gaston, frère du roi, qu'il voulait arracher aux ambitieux dont il était l'instrument, en le décidant à un mariage avantageux, lui résista par les conseils et les intrigues de son gouverneur d'Ornano; et ce dernier, enfermé à Vincennes, y mourut bientôt après (1624-1626). Un jeune étourdi, le comte de Chalais, poussé par la duchesse de Chevreuse, conspira une première fois contre le cardinal, qui lui pardonna, et devint l'âme d'un nouveau complot contre la vie du ministre, dans lequel entrèrent les deux Vendôme, Gaston, la reine Anne d'Autriche, et le comte de Soissons. Les deux Vendôme furent arrêtés, Chalais décapité; Gaston épousa mademoiselle de Montpensier; Richelieu obtint une garde et une place de sûreté. L'année suivante, Bouteville et Chappelles, qui avaient affiché un insolent mépris des lois, en se battant en duel en plein midi, sur la Place-Royale même, furent exécutés en grand appareil (1627). La reine mère, contrariée par Richelieu, qu'elle regardait comme sa créature, dans tous les projets de sa politique et de son ambition, s'associa aux courtisans et aux ministres même pour renverser le cardinal, tandis que celui-ci était occupé à sa belle guerre d'Italie pour assurer la possession de Mantoue au duc de Nevers (1628-1630). Richelieu, qui s'était cru perdu un moment, redevint plus puissant que jamais, et fit arrêter les plus coupables de ses adversaires, les deux Marillac, dont l'un alla mourir en exil et l'autre sur l'échafaud. Persuadé par les nouvelles incartades de Gaston que la présence de la reine mère à la cour était incompatible avec la tranquillité de l'État, Richelieu, après l'avoir fait abandonner à Compiègne, lui laissa les moyens de s'enfuir à Bruxelles, et fit déclarer criminels de lèse-majesté ceux qui l'avaient suivie, ou qui avaient accompagné Gaston en Lorraine (1631). Gaston, abandonnant en fugitif la cour du duc de Lorraine, qui avait été forcé de traiter avec le roi, alla former de nouveaux complots à Bruxelles, et entra bientôt en France à la tête de deux ou trois mille brigands. Le maréchal de Montmorency, gouverneur du Languedoc, égaré par l'ambition, osa seul se déclarer pour lui. Battu à la rencontre de Castelnaudari, où Montmorency fut fait prisonnier, Gaston signa la formule d'une soumission entière, et Montmorency, dernier représentant du monde chevaleresque et féodal, fut exécuté à Toulouse, malgré les prières des princes, de la noblesse et du peuple (1632). La retraite de Gaston d'Orléans à Bruxelles fut bientôt l'occasion de nouvelles rigueurs; le mariage de ce prince avec la sœur du duc de

Lorraine fut déclaré nul, et la Lorraine fut conquise. L'inconstant duc d'Orléans rentra en grâce ; mais son favori Puylaurens, infidèle à la promesse qu'il avait faite de le faire consentir à la dissolution de son mariage, fut enfermé à la Bastille (1635). Richelieu, échappé à un nouveau complot formé contre sa vie, par la faiblesse de Gaston, qui n'osa donner le signal, s'opposa au retour de la reine mère, réprima quelques révoltes occasionnées par des mesures financières, fit exiler à Quimper-Corentin le séditieux confesseur de Louis XIII, et exécuter en effigie le duc de La Valette, accusé par Condé d'avoir fait manquer le siége de Fontarabie (1636-1641). Alors l'Espagne et l'Autriche organisèrent un nouveau complot, dans lequel entrèrent tous les ennemis du ministre, tous les ambitieux, Gaston, le duc de Guise, le duc de Bouillon, seigneur de Sédan, dont le frère servait avec gloire dans les armées françaises sous le nom de vicomte de Turenne, le comte de Soissons. Ce dernier, avec l'argent et les troupes de l'Espagne, alla battre l'armée royale à Marfée, et mourut au milieu de sa victoire. Guise fut exécuté en effigie, et le duc de Bouillon obtint sa grâce par la protection du favori Cinq-Mars (1641). Cinq-Mars, placé par Richelieu auprès de Louis XIII, pour lui servir de favori, songea à le remplacer. Il fit entrer, dans un complot pour renverser le tout-puissant ministre, de Thou, le duc de Bouillon, et signa un traité avec l'Espagne, qui devait fournir aux conspirateurs des troupes et de l'argent. Richelieu, malade à Tarascon, envoya au roi une copie du traité tombée entre ses mains : les conjurés furent arrêtés. Cinq-Mars et de Thou, convaincus par les aveux du duc de Bouillon et de Gaston, furent condamnés à mort et exécutés ; le duc de Bouillon acheta sa grâce par la cession de Sédan, principauté indépendante qu'il possédait sur les frontières du royaume et qui était comme une porte qu'il pouvait toujours ouvrir à l'ennemi. Cette porte, Richelieu voulut en tenir les clefs. Quant au duc d'Orléans, il consentit à aller vivre à Blois en simple particulier (1643).

Au milieu des révoltes des protestants, des intrigues et des complots des grands, appuyés des princes du sang, malgré la faiblesse du roi, l'opposition furieuse de la reine mère, les cabales sans fin du duc d'Orléans, le génie supérieur de Richelieu, en s'étendant au dehors, avait relevé la France et lui avait donné le premier rang en Europe. A peine entré au conseil, il suscita des embarras et des ennemis à la maison d'Autriche, ralluma la guerre entre les Provinces-Unies et l'Espagne, enleva à celle-ci la Valteline, qui liait à l'Allemagne ses possessions d'Italie, et la rendit aux Grisons (1624-1626). L'année suivante, il entraîna le roi au delà des Alpes, au secours du duc de Nevers, à qui trois souverains contestaient l'héritage du dernier duc de Mantoue, et imposa le traité de Suse au duc de Savoie et au roi d'Espagne. Cette paix ayant été violée, Richelieu, nommé lieutenant général du roi, conquit rapidement la Savoie, obligea l'empereur à reconnaître les droits du duc de Mantoue par le traité de Ratisbonne, que suivirent bientôt les traités de Chérasque et de Mille-Fleurs (1627-1630). Après avoir trompé l'empereur Ferdinand à la diète de Ratisbonne par l'entremise du père Joseph, qui lui fit renvoyer son meilleur général, Wallenstein, et détacha de lui la Bavière, Richelieu lança sur l'Allemagne le victorieux Gustave-Adolphe. Lorsque la mort du héros suédois à Lutzen, la défaite de Nordlingue et la paix de Prague semblaient assurer le triomphe de l'empereur, Richelieu, reprenant le rôle de Henri IV, déclara la guerre à l'Espagne et à l'Autriche (1630-1634). La guerre se fit à la fois, pendant sept ans (1636-142), en Allemagne, dans les Pays-Bas, en Italie et en Espagne, avec des succès variés: mais dans les trois dernières années l'avantage fut pour la France. Elle s'empara de l'Alsace, d'Arras, de Turin, vit la Cerdagne, le Roussillon et la Catalogne se soumettre à elle, traita avec le Portugal, affranchi de la domination espagnole, et jeta l'épouvante avec ses flottes sur les côtes d'Espagne et sur celles du royaume de Naples. La cession de la forte place de Sédan au nord, la prise de Perpignan au midi, après cinq mois de siége, terminèrent utilement pour la France la laborieuse et glorieuse carrière de Richelieu. Le ministre, porté mourant de Lyon à Paris, expira en protestant qu'il ne s'était proposé dans toute sa conduite que le bien et la gloire de l'État (1642). Louis XIII mourut quelques mois après. Marie de Médicis les avait précédés au tombeau de quelques mois, et était morte à Cologne dans un état d'abandon et de misère. Le grand ministre, qui voyait en mourant toutes les frontières du royaume protégées, la maison d'Autriche abaissée, la France puissante, sa politique étrangère partout triomphante, avait encouragé le commerce, les arts et les sciences, et fondé l'Académie française.

3. Minorité de Louis XIV. — Mazarin.

Dans un lit de justice tenu au parlement par le jeune roi, Louis **XIV,** âgé de quatre ans, les dernières dispositions de Louis XIII furent annulées. et la régence conférée à Anne d'Autriche (1643). La faveur de l'Italien Mazarin, qui, admis au conseil, ne tarda pas à diriger seul les affaires, fut le signal et le prétexte de la *cabale des importants,* composée de la plupart des intrigants du règne précédent, qui avaient espéré gouverner au nom de la régente persécutée avec eux. Elle fut dissipée par l'emprisonnement du duc de Beaufort, son principal chef. La guerre avait continué, et, cinq jours après l'avénement du nouveau roi, le duc d'Enghien avait remporté sur les Espagnols la célèbre victoire de Rocroy. Il prit Thionville, et répara la défaite de Rantzau à Dutlingen par les journées de Fribourg, la prise de Philipsbourg et de plusieurs places sur les deux rives du Rhin (1643-1644). L'année suivante, accouru pour réparer la défaite de Turenne à Mariendal, il gagna sur le général impérial Mercy la célèbre bataille de Nordlingue et prit Dunkerque, tandis que Turenne faisait signer la trêve d'Ulm à l'électeur de Bavière. Le duc d'Orléans prit Mardik et plusieurs autres places ; et les Espagnols, battus par la flotte française sur les côtes de l'Italie, virent Naples se révolter contre eux. Enfin la victoire de Zusmarshausen, remportée par Wrangel et Turenne, celle de Lens, par le prince de Condé, amenèrent la signature de la paix de Westphalie (1645-1648). Mais tandis que la France se couvrait de gloire au dehors, de nouveaux troubles avaient éclaté à l'intérieur, causés par le désordre des finances, par l'ambition mécontente des princes et les prétentions du parlement, par les nouveaux édits que le surintendant des finances, Particelli, avait imaginés pour faire de l'argent. Le parlement rendit un arrêt d'*union* avec les parlements et autres compagnies du royaume, et la cour, après de vives contestations, lui fit des concessions importantes.

4. La Fronde.

Avec cette première victoire du parlement sur la reine et son ministre, commencèrent les troubles et les guerres de la Fronde. Les princes et les grands voulaient ramener l'ancienne monarchie, la régente et son ministre maintenir celle de Richelieu, le parlement gouverner l'État; le peuple était entraîné par l'espoir de la diminution des impôts. Le faible duc d'Orléans continua de prêter son nom aux partis : le duc de Beaufort, l'idole de la populace et surnommé *le Roi des Halles*, ne joua qu'un rôle secondaire. L'âme de la Fronde et son véritable chef fut Paul de Gondi, coadjuteur de son oncle, premier archevêque de Paris. L'arrestation des trois magistrats séditieux fut le signal d'une émeute que le coadjuteur apaisa après l'avoir excitée; mais irrité des dédains de la cour, qui l'avait pénétré, il excita le lendemain un soulèvement formidable, et fit pousser les barricades jusqu'au Palais-Royal. La régente, ayant essayé inutilement de satisfaire les frondeurs, en cédant au parlement qui était venu en corps lui demander la liberté de ses membres, se retira à Saint-Germain, décida Condé en sa faveur et songea à assiéger Paris (1648). Le parlement déclara Mazarin ennemi public, et se prépara à la guerre en levant de l'argent et des troupes. Cette guerre burlesque se fit avec la plus bizarre légèreté. La cour, effrayée de l'intervention espagnole, fit des propositions qui furent rejetées ; mais les succès de Condé rendirent le parlement plus traitable, et on signa à Ruel (1649) une paix qui ne satisfit personne. Condé, fier de ses services, se rendit bientôt insupportable à la régente et au ministre par ses prétentions exagérées. Alors fut créé pour lui et pour les jeunes gens qui lui formaient une cour frivole et suffisante, le nom de *petits-maîtres*. Uni un moment avec la Fronde, il se brouilla bientôt avec elle, en accusant ses principaux chefs d'avoir voulu le faire assassiner. La cour, qui lui avait tout accordé pour mieux le tromper, se rapprocha de la Fronde, et le fit enfermer à Vincennes avec son frère le duc de Longueville (1650). Alors Turenne, séduit par la duchesse de Longueville, traita avec les Espagnols, qui lui fournirent de l'argent et des troupes. La jeune princesse de Condé souleva la Guienne, et la princesse palatine négocia une réconciliation entre les frondeurs et le parti des princes. Cette coalition menaçante, un moment suspendue par la défaite de Turenne à Rethel (1650), est signée par l'entremise de la duchesse de Chevreuse ; et Mazarin, cédant à l'orage, va délivrer les princes et se retire chez l'électeur de Cologne. Condé, redevenu tout-puissant, se rendit insupportable à la régente, qui se rapprocha du coadjuteur pour le lui opposer. Les partisans des deux rivaux furent au moment d'en venir aux mains dans l'enceinte même du palais. Condé quitta bientôt Paris et alla commencer la guerre civile. Tandis que le parlement mettait à prix la tête de Mazarin rentré en France, Turenne, gagné par le ministre, prenait le commandement de l'armée royale, battait l'armée de Condé, et le forçait de s'enfermer dans Paris, après le combat du faubourg Saint-Antoine (1651-1652). Bientôt Mazarin, en se retirant de nouveau, ôtait tout prétexte aux mécontents et portait le dernier coup à la Fronde : Condé se voyait forcé de se jeter dans les bras des Espagnols, et le roi était reçu en triomphe dans la capitale (1652). Turenne arrêta les progrès des Espagnols, qui avaient profité des troubles de la Fronde, et leur fit lever le siége d'Arras. Mazarin rentra ; les provinces révoltées furent soumises ; Condé fut condamné à mort par le parlement, et les acteurs du drame ridicule de la Fronde disparurent. Le parlement essaya encore de la résistance ; mais le jeune monarque lui signifia d'une manière humiliante et dure que son rôle était fini comme celui des autres acteurs (1653-1655).

5. Paix des Pyrénées.

L'union de la France avec l'Angleterre, gouvernée alors par Cromwell, et la victoire des Dunes, remportée par Turenne sur l'armée espagnole commandée par don Juan d'Autriche et le prince de Condé, et suivie de la prise de plusieurs places, décidèrent Philippe IV à la paix. Elle fut signée après les conférences de l'île des Faisans, sur la Bidassoa, entre don Louis de Haro et Mazarin. La France obtint l'Alsace, le Roussillon et un grand nombre de places importantes; Condé rentra en grâce, et Louis XIV épousa l'infante Marie-Thérèse d'Autriche. Cette paix, le chef-d'œuvre de Mazarin, et son plus grand titre de gloire, compléta le traité de Westphalie, assura l'abaissement de la maison d'Autriche, et donna à la France le premier rang en Europe. Mazarin mourut peu de temps après (9 mars 1661). Libre de disposer d'une fortune de plus de cent millions d'aujourd'hui, il affecta une somme considérable à la fondation d'un collège auquel il donna sa magnifique bibliothèque, qui porte encore aujourd'hui son nom et qui, dès son origine, fut ouverte au public; ce qui n'avait encore eu lieu pour aucune grande bibliothèque.

Philippe II avait laissé, en mourant (1598), l'Espagne affaiblie par ses guerres ruineuses et chargée d'une dette énorme. Sous ses faibles successeurs, dont les règnes ne furent marqués que par des désastres, l'Espagne parvint au dernier degré de décadence et de faiblesse. Philippe III, gouverné par son favori, le duc de Lerme, fit un tort irréparable à la monarchie par l'expulsion des Maures ou Morisques (1609 et 1610), qui fit perdre à l'Espagne près d'un million de sujets industrieux. Rien n'égala les revers que les Espagnols éprouvèrent sous le règne de Philippe IV (1621-1665), gouverné par son favori, le comte-duc d'Olivarez. Il fit la guerre sans succès à la Hollande, à l'Angleterre et à la France, secourut l'empereur Ferdinand II, pendant la guerre de trente ans, et n'apaisa qu'avec beaucoup de peine la révolte des Catalans, qui s'étaient mis sous la protection de la France. Les Portugais, plus heureux, secouèrent entièrement le joug, et rétablirent leur trône en faveur de la maison de Bragance. Les Napolitains, poussés à bout par une administration tyrannique, se soulevèrent à la voix de Masaniello, et essayèrent de se former en république (1647). Le faible Charles II, qui parvint au trône à peine âgé de quatre ans (1665), vit l'Espagne désolée par des troubles intérieurs que causaient les intrigues du père Nitard et la révolte de don Juan d'Autriche, humiliée au dehors par de sanglants revers. Il mourut sans postérité (1700), au milieu des traités et des intrigues des puissances étrangères, qui se partageaient d'avance son royaume, et légua, par son testament, la couronne d'Espagne au duc d'Anjou, petit-fils de Louis XIV. En lui finit la domination de la maison d'Autriche en Espagne.

XXV. MONARCHIE DE LOUIS XIV.

1. COLBERT. — GRANDEUR DE LA FRANCE. — 2. GUERRE DE LA SUCCESSION
D'ESPAGNE, TRAITÉ D'UTRECHT.

1. Colbert. — Grandeur de la France.

Le jour même de la mort de Mazarin, les ministres, qui avaient
jusqu'alors travaillé avec le cardinal, s'approchèrent du roi et lui
dirent : *A qui nous adresserons-nous ? A moi*, répondit Louis XIV.
Dès ce moment le jeune monarque, en qui Mazarin avait deviné
l'*étoffe de quatre rois*, vit tout, fit tout, gouverna tout par lui-même,
soumit tout à l'ascendant de son caractère et de son autorité absolue.
Les six premières années du règne de Louis (1661-1667) furent employées à donner à la France une attitude imposante à l'extérieur et
une administration aussi vigoureuse qu'habile. Il soumit le roi d'Espagne et le pape à d'humiliantes réparations, acheta Dunkerque aux
Anglais, aida le Portugal contre l'Espagne, traita avec les Suisses,
donna des secours contre les Turcs à l'Empereur et aux Vénitiens,
réprima les brigandages des Barbaresques, acheta Marsal au duc de
Lorraine, et fournit quelques troupes aux Hollandais, en guerre avec
l'Angleterre. En même temps Louvois donnait l'uniforme à l'armée,
rétablissait la discipline, perfectionnait et régularisait toutes les parties du service, l'armement de l'infanterie, l'artillerie, le génie, les
subsistances. Colbert, qui avait remplacé (1661) le surintendant des
finances Fouquet, condamné, pour ses déprédations, à une prison
perpétuelle, rétablissait l'ordre dans les finances, augmentait les revenus en diminuant la dette, traçait des routes et des canaux, établissait des ateliers et des manufactures, créait une imposante marine,
donnait un grand développement au commerce maritime, encourageait
par des honneurs et des récompenses les artistes nationaux et étrangers, enfin embellissait Paris et le rendait digne de servir de capitale
à la France.
  A la mort de Philippe IV, roi d'Espagne, Louis réclama la Flandre
et la Franche-Comté, comme héritage de la reine Marie-Thérèse, et
en fit la conquête en quelques mois. Alors les Hollandais, qui aimaient
mieux avoir pour voisin l'Espagnol affaibli que la France puissante,
formèrent contre Louis XIV la triple alliance entre la Hollande, l'An-

gleterro et la Suède, et le forcèrent à signer la paix d'Aix-la-Chapelle (1668). Arrêté un moment au milieu de ses succès, Louis donna ses soins aux affaires de l'Église de France, troublée par les querelles du jansénisme, envoya quelques secours à Candie contre les Turcs, et, après avoir détaché l'Angleterre et la Suède de l'alliance des Hollandais, déclara la guerre à ces marchands insolents qui le bravaient dans leurs gazettes. Il envahit, à la tête de cent mille hommes (1672), la Hollande surprise et désarmée, et, après le passage du Rhin, s'empara, en quelques mois, de trois provinces et de quarante places fortes. Les vaincus, dont, par le conseil de Louvois, il avait rejeté les offres avantageuses, rétablirent le stathoudérat en faveur du jeune prince d'Orange et inondèrent leur pays. Alors l'armée française, menacée par les troupes de l'Espagne, de l'Empereur et des divers États d'empire, évacua tout le pays, à l'exception de la seule ville de Grave. Louis compensa ces pertes par la conquête de la Franche-Comté, et Condé livra au prince d'Orange, supérieur en forces, la sanglante et stérile bataille de Senef (1674). Turenne incendia le Palatinat, sur l'ordre de Louvois, et remporta les victoires d'Ensheim, de Mülhausen, de Türckheim, et fut tué par un boulet de canon, après une admirable campagne de deux mois contre le général impérial Montecuculli (1675). Tandis que Duquesne battait deux fois, sur les côtes de Sicite, les flottes espagnole et hollandaise réunies pour reprendre Messine, que le maréchal de Créqui réparait un premier revers par une belle campagne sur le Rhin, Louis prenait en personne, après des siéges mémorables, Condé, Bouchain, Cambrai, Valenciennes; le duc d'Orléans battait le prince d'Orange à Cassel et s'emparait de Saint-Omer (1675-1678). Louis XIV fut l'arbitre de l'Europe au congrès de Nimègue (1678) : il garda la Franche-Comté, la Lorraine, une partie de la Flandre et Fribourg, et stipula des conditions avantageuses pour la Suède, son alliée. Ce fut l'époque la plus brillante de son règne : la France, heureuse et fière, lui rendait une espèce de culte, et les beaux génies de son siècle célébraient à l'envi sa gloire et sa grandeur.

Après la conclusion de la paix de Nimègue, des *chambres* dites de *réunion*, établies par Louis à Metz, à Besançon et à Brisach, lui adjugèrent, comme dépendances des villes ou districts cédés à la France par les traités de Westphalie, d'Aix-la-Chapelle et de Nimègue, plusieurs possessions de l'empire, de l'Espagne et du roi de Suède. Une ligue se forma; mais les différents États, trop faibles pour soutenir la guerre, signèrent la paix de Ratisbonne, qui laissait à la France ses nouvelles acquisitions (1680-1684). En même temps la puissante marine de Louis avait purgé la mer des pirates, puni les puissances barbaresques, bombardé deux fois Alger, qui s'était soumis, ainsi que

Tripoli et Tunis, aux satisfactions exigées : Gênes, coupable d'avoir vendu des secours aux Algériens, menacée d'une entière destruction par les bombes de la flotte française, avait envoyé son doge à Versailles exprimer son humble repentir; enfin Louis, mécontent du pape, avait fait approuver, par une assemblée du clergé de France, quatre propositions fameuses, rédigées par Bossuet, et où était exposée la doctrine de l'Église gallicane (1681-1684). A l'intérieur, Louis, après avoir ôté toute influence aux trois ordres de l'État, et anéanti le peu de libertés que l'usage avait conservées, exerça le pouvoir absolu dans toute sa plénitude. Il n'y avait plus en France que des sujets et un roi; et le roi obtint une obéissance sans bornes, surtout par le prestige de ses brillantes victoires, de ses magnifiques travaux, par l'éclat magique de sa gloire.

Cependant son ambition effrayait l'Europe, la pompe de ses coupables faiblesses donnait un scandale funeste, et Colbert mourait (1683), après avoir vu prévaloir le projet des emprunts qui allait plonger le royaume dans un abîme de dettes. Les protestants, que Colbert avait protégés, n'étaient plus à craindre, depuis qu'ils s'étaient adonnés à l'industrie et au commerce; mais leur conversion fut résolue, à l'instigation de Louvois et de madame de Maintenon, et, pour l'obtenir, on n'épargna ni les persécutions, ni les supplices. L'édit de Nantes fut révoqué, les ministres proscrits, et un grand nombre de protestants allèrent répandre à l'étranger leurs richesses, leur industrie, et la haine de leurs persécuteurs (1685). Alors le prince d'Orange, occupé du projet de détrôner son beau-père Jacques II, roi d'Angleterre, détourna sur Louis XIV l'attention de toute l'Europe, et devint l'âme de la ligue d'Augsbourg, formée par ses soins entre l'Empereur, le roi d'Espagne, le roi de Suède, l'électeur de Bavière, quelques autres États d'empire et la Hollande (1686). Le roi de France, en envahissant l'Empire, hâta la révolution qu'il voulait prévenir, et, tandis que ses troupes faisaient la conquête du Palatinat et de plusieurs villes, Jacques II, détrôné, venait recevoir à sa cour une royale hospitalité, et les États de l'Europe levaient 222 000 hommes contre la France (1689). Ramené en Irlande par une flotte française, Jacques II perdit la bataille de la Boyne, le lendemain de la victoire navale de Béachy (1690), remportée par Tourville sur la flotte des alliés, et revint en France. Une grande expédition, préparée pour une descente en Angleterre, n'eut d'autre résultat que le glorieux combat de la Hougue, soutenu par Tourville contre des forces doubles des siennes (1692). Les années suivantes furent marquées par les succès de Tourville, de Jean-Bart, de Duguay-Trouin (1692-1696). Tandis que la guerre maritime se poursuivait avec ardeur, les bords du Rhin, l'Italie, l'Espagne, les Pays-Bas étaient à la fois le théâtre de la guerre continentale. Le Palatinat fut encore une fois incendié et dévasté (1689). Catinat remporta la victoire de Staffarde, soumit la plus grande partie de la Savoie et du Piémont, perdit ses conquêtes, et battit bientôt Victor-Amédée à Marsaille, tandis que le maréchal de Noailles obtenait quelques succès en Catalogne (1690-1695). A l'autre extrémité du royaume, Luxembourg remporta la brillante victoire de Fleurus, assura le succès des siéges de Mons et de Namur par le roi en personne, et gagna les sanglantes batailles de Steinkerque et de Neerwinde (1690-1697). Cependant l'accroissement de la dette et de la misère publique engagea Louis XIV à signer la paix de Ryswick, par laquelle il renonçait à la plupart de ses dernières conquêtes, reconnaissait le prince d'Orange pour roi d'Angleterre, et rendait ses États au duc de Lorraine (1697).

2. Guerre de la succession d'Espagne. — Traité d'Utrecht.

Le roi d'Espagne Charles II, mourant jeune encore sans laisser de postérité, légua sa monarchie tout entière, que les autres puissances se partageaient déjà, par un premier testament (1698) au prince électoral de Bavière, mort bientôt après, et par un second (1700) au duc d'Anjou, petit-fils de Louis XIV. Louis accepta ce testament, et envoya son petit-fils en Espagne, en lui adressant ce mot célèbre : *Il n'y a plus de Pyrénées.* Il accéléra la coalition des puissances européennes, en réservant au nouveau roi d'Espagne tous ses droits à la couronne de France, en occupant les Pays-Bas espagnols, en reconnaissant pour roi de la Grande-Bretagne le fils de Jacques II. Un an était à peine écoulé, que déjà commençait la terrible guerre de la succession.

Catinat, obligé de reculer devant le prince Eugène, fut remplacé par l'incapable Villeroi (1701), qui se laissa battre à Chiari et surprendre à Crémone. Vendôme, qui lui succéda, livra la bataille indécise de Luzara (1702). A l'autre extrémité du royaume, Villars remporta les victoires de Fridlingen (1702) et d'Hochstedt (1703), et Tallard celle de Spirbach. Bientôt les États du duc de Savoie, qui s'était déclaré contre la France, étaient conquis, et on songeait à diriger une attaque sur Vienne. Mais là s'arrêtèrent les succès de la France. La campagne de 1704 s'ouvrit par la grande défaite que Marlborough et le prince Eugène firent éprouver à Hochstedt aux armées françaises, commandées par l'électeur de Bavière, le maréchal de Tallard et le comte de Marsin. Louis opposa trois armées aux vainqueurs : Villars, qui avait heureusement terminé la guerre des *Camisards,* força les alliés à renoncer à l'invasion de la France; et Vendôme gagna en Italie la bataille de Cassano. Mais l'imprudent Villeroi éprouva à Ramilies (1706) une sanglante défaite qui entraîna la perte des Pays-Bas espagnols ; tandis que la victoire de Turin, remportée par le prince Eugène, avait pour résultat la perte de toute l'Italie. Le maréchal de Tessé fit lever aux alliés le siége de Toulon, et le maréchal de Berwick consolida le trône de Philippe V par la victoire d'Almanza ; mais l'armée de Frandre, le dernier espoir de la France, fut mise en déroute à Oudenarde (1708), et ne put empêcher la prise de Lille, défendue par le *brave des braves*, le vieux maréchal de Boufflers. A ces désastres se joignirent un hiver rigoureux, la famine et une affreuse misère. La France, épuisée et sans ressources, n'aspirait plus qu'à la paix.

Louis XIV fit à ses ennemis des propositions avantageuses qui furent repoussées avec mépris. Ils ne voulurent accorder qu'une trêve, et exigèrent que Louis les aidât à chasser d'Espagne son petit-fils. Ces conditions humiliantes, publiées dans le royaume, révoltèrent la nation, et la France épuisée se ranima pour de nouveaux efforts. Villars et Boufflers livrèrent à Eugène et Marlborough la sanglante bataille de Malplaquet (1709), après laquelle les alliés restèrent maîtres du champ de bataille, mais couvert de vingt mille de leurs soldats. Louis s'humilia de nouveau jusqu'à offrir de l'argent pour détrôner son petit-fils, et repoussa avec indignation la condition qu'on voulait lui imposer de le détrôner lui-même. Cependant la guerre avait absorbé des sommes énormes, le commerce était inondé de billets de toute espèce. Les impôts, augmentés dans une proportion effrayante, ne suffisant plus aux nouveaux besoins, un édit du roi ordonna la levée du dixième de tous les revenus (1710). Des événements imprévus sauvèrent la France. Tandis que Philippe V, fugitif dans son royaume depuis la défaite de Saragosse, était rétabli par Vendôme, qui gagnait la bataille de Villaviciosa, en Angleterre les tories parvenaient au pouvoir par la disgrâce du duc de Marlborough, et fortifiés dans leurs intentions pacifiques par l'élection de Charles VI, dont la puissance pouvait devenir plus dangereuse que celle de Louis XIV, ils décidèrent la reine Anne à conclure une trêve avec la France (1711). Le prince Eugène, supérieur en forces malgré la retraite des Anglais, assiégea Landrecies, et établit une suite non interrompue de retranchements depuis Marchiennes jusqu'à Denain. Alors le grand roi, dont les malheurs étaient arrivés à leur comble, parla d'aller mourir au champ d'honneur, à la tête de sa brave noblesse; mais Villars sauva la France par la victoire de Denain, suivie de la prise de Marchiennes, de Douai, du Quesnoi, de Bouchain, et de la retraite des ennemis (1712). Ces succès hâtèrent la conclusion de la paix d'Utrecht (1713), par laquelle le duc de Savoie obtint la Sicile avec le titre de roi ; l'Angleterre, Minorque, Gibraltar, des possessions en Amérique et la démolition du port de Dunkerque ; la Hollande, quelques places qui lui serviraient de barrière. L'empereur rejeta d'abord la paix ; mais après la prise de Landau et de Fribourg par Villars, il se hâta de signer les traités de Rastadt et de Bade (1714), par lesquels il s'agrandit aux dépens de la monarchie espagnole, et recouvra les forts de la rive droite du Rhin. La France n'avait pas perdu une province, mais elle s'était ruinée par d'immenses sacrifices.

Les dernières années de Louis XIV, affligées par la détresse du royaume et les chagrins domestiques, furent encore attristées par des querelles théologiques. Les querelles entre les jésuites et les jansénistes ne furent qu'assoupies par les rigueurs qu'éprouvèrent ces derniers et la ruine de Port-Royal. *Les réflexions morales sur l'Evangile*, publiées par le père du Quesnel et censurées par la bulle *Unigenitus*, allumèrent une nouvelle querelle qui devait se prolonger bien au delà du règne de Louis XIV et troubler celui de son successeur. Les derniers actes de Louis XIV furent un édit daté de Marly, qui, au mépris de la morale et du droit public des Français, assurait la couronne, au défaut des princes du sang, au duc du Maine et au comte de Toulouse, fils légitimés du monarque ; et un testament dans lequel il bornait, par l'établissement d'un conseil de régence, le pouvoir que son neveu, le duc d'Orléans, était appelé à exercer, après sa mort, en qualité de régent (1714). Louis mourut à Versailles le 1er septembre 1715, âgé de soixante-dix-sept ans, après un règne qui en avait duré soixante-douze, le plus long entre tous ceux dont il est fait mention dans l'histoire, et le plus glorieux par le double éclat des lettres et des victoires, celui-ci malheureusement terni par les revers des dernières années.

Après la mort de la reine Anne Stuart (1714), George de Brunswick, arrière-petit-fils de Jacques Ier, monta sur le trône d'Angleterre, sous le nom de George Ier. Avec ce prince, les whigs revinrent au pouvoir, et des flots de sang punirent l'insurrection du nord de l'Angleterre et de l'Écosse en faveur du prétendant. Sous l'administration de Walpole, ministre de George II (1727-1761), l'Angleterre épuisa ses trésors pour soutenir le Hanovre. Un traité fait par l'entremise de la France, avec l'Espagne, irrita l'orgueil des Anglais, et le ministre impopulaire, malgré quelques victoires de l'amiral Anson, fit place au lord Carteret, qui rompit avec l'Espagne et soutint le Hanovre. La victoire de Dettingen et la bataille navale de Toulon signalèrent les dernières années de Carteret, auquel succéda lord Harrington (1744). Le prétendant reparut en Angleterre. Vainqueur à Preston-

Pans, mais vaincu sans espoir à Culloden, il quitta l'Écosse, laissant ses partisans aux atroces représailles du vainqueur. En même
temps deux batailles navales perdues par les Français et la prise
de Madras disposaient l'Angleterre à la paix d'Aix-la-Chapelle, et le
rappel de Dupleix soumettait l'Indoustan aux armes britanniques.
George II mourut en 1761, et eut pour successeur son petit-fils
George III.

XXVI.

ÉTAT DES LETTRES ET DES ARTS PENDANT LE RÈGNE DE LOUIS XIV.

Les belles-lettres, les sciences et les arts avaient fait des progrès
rapides au milieu des guerres. Ce fut surtout en France que les lettres semblèrent avoir atteint le degré de perfection où le génie borné
de l'homme puisse parvenir. Le siècle de Louis XIV renouvela et sur-
passa, sous quelques rapports, les chefs-d'œuvre que la Grèce avait
produits sous Périclès, Rome sous Auguste, et l'Italie sous les Médicis. C'est l'époque de la littérature classique française. La grandeur
qui régnait à la cour de ce monarque, et la gloire que ses vastes entreprises avaient fait rejaillir sur la nation, inspirèrent les écrivains
et échauffèrent leur imagination. Le goût s'épura dans l'imitation des
modèles laissés par l'antiquité, et préserva les écrivains français de
ces écarts que quelques autres nations ont pris pour le caractère du
génie. La langue, ramenée par l'Académie à des règles sûres, dont
la première et la plus fondamentale condamne tout ce qui ne réunit
pas la clarté à l'élégance, devint l'idiome général par lequel commu-
niquent entre elles les différentes nations civilisées du globe.

Le génie d'un homme, de Colbert, avait créé en France un commerce, des manufactures, des colonies, des ports, des canaux, une
puissante marine. Les colonies et les sociétés de commerce, exerçant
divers monopoles en France, lui créèrent de nouvelles relations. Des
manufactures, établies dans l'intérieur du pays, trouvèrent la société
suffisamment préparée pour exploiter avec succès cette branche d'industrie. Au dehors, Colbert voulut fonder de vastes entreprises commerciales sur le modèle de celles de la Hollande. D'un autre côté, les
règlements qui furent adoptés par les Anglais et les Hollandais contribuèrent à entretenir la rivalité et la jalousie des puissances com-
merçantes. En 1660, les premiers renouvelèrent leur acte de navigation ; dans le même temps, les grandes compagnies marchandes des
Hollandais excitaient la haine de tous leurs voisins ; et chacun de ces

États ne cessait d'employer tous ses efforts pour détruire le commerce de tous les autres, et pour s'emparer du monopole.

HOMMES QUI SE SONT DISTINGUÉS DANS LES DIFFÉRENTS GENRES.

*Poëtes dramatique*s : Rotrou, mort en 1630; Molière (1673); Pierre Corneille (1684); Quinault (1688); Racine (1699); Thomas Corneille (1709); Regnard (1709); Campistron (1723).

Poëtes lyriques : Malherbe (1628); J.-B. Rousseau (1741).

Poésie pastorale et légère : Racan (1670); madame Deshoulières (1694); Segrais (1701).

Apologue : La Fontaine (1695).

Poésie didactique et satire : Boileau (1711).

Eloquence du barreau : Le Maistre (1658); Patru (1687); Pélisson (1693).

Eloquence de la chaire : Mascaron (1703); Bourdaloue (1704); Bossuet (1704); Fléchier (1710); Fénelon (1715); Massillon (1743).

Historiens : Péréfixe (1670); le cardinal de Retz (1679); Mézerai (1683); Saint-Réal (1692); Boulainvilliers (1722); Fleuri (1723); Daniel (1728); Vertot (1735); Dubos (1742); Saint-Simon (1755).

Historiens érudits : Moreri (1680); Ducange (1688); Herbelot (1695); Tillemont (1698); Mabillon (1707).

Littérateurs en divers genres : Voiture (1648); Vaugelas (1649); Balzac (1654); d'Ablancourt (1664); Ant. Arnaud (1694); Lancelot (1695); madame de Sévigné (1696); mademoiselle de La Fayette (1699); Saint-Evremont (1703); Fénelon (1715); madame de Maintenon (1719); La Motte-Houdart (1730); Le Sage (1747); Fontenelle (1757).

Philosophes ; Descartes (1650); Gassendi (1655); Pascal (1662); La Motte Le Vayer (1672); La Rochefoucault (1680); Nicole (1695); La Bruyère (1696): Bayle (1706); Malebranche (1715); l'abbé de Saint-Pierre (1743); Fontenelle (1757).

Savants et mathématiciens : Descartes (1650); Pascal (1662); Pecquet (1674); Jacques Bernouilli (1705); Nicolas Bernouilli (1726); Jean Bernouilli (1748).

Géographes et voyageurs : Samson (1667); Bochard (1669); Bernier (1688); Vaillant (1706); Tournefort (1708); Chardin (1713); de L'Isle (1726).

Erudits et poëtes latins : Saumaise (1678); Ménage (1691); Santeuil (1697); Jouvenci (1716); madame Dacier (1722); Dacier (1722); de La Rue (1725); le cardinal de Polignac (1741); Brumoi (1742).

---

¹ *Précis d'histoire moderne*, p. 266.

Peintres : Le Sueur (1655); le Poussin (1665); Le Brun (1690); Mignard (1695); Rigaud (1741).

Sculpteurs : Puget (1695); Girardon (1715); Coustou (1733).

Architectes : Fr. Mansard (1666); Le Nôtre (1700); Claude Perrault (1703); H. Mansard (1708).

Graveurs : Callot (1635); Nanteuil (1678).

Musicien : Lulli (1687).

L'Angleterre, l'Italie et l'Espagne suivent immédiatement la France dans la carrière des lettres.

Poëtes anglais : Milton (1674); Dryden (1701); Addisson (1719); Pope (1744).

Prosateurs anglais : Clarendon (1674); Temple (1698); Burnet (1715); . Addisson (1719).

Ecrivains italiens : Marini (1625); Davila (1634); Bentivoglio (1644); Vico (1744).

Ecrivains espagnols : Mariana (1624); Herrera (1625); Solis (1686); Calderone (1687).

Philosophes et politiques anglais : Bacon (1626); Hobbes (1679); Locke (1704); Clarke (1729).

Philosophes et politiques hollandais : Grotius (1645); Spinosa (1677).

Philosophes et politiques allemands : Puffendorf (1695); Leibnitz (1716).

Savants anglais : Bacon (1626); Harvey (1657); Newton (1726).

Savants italiens : Galilée (1642); Torricelli (1647); Cassini (1712).

Savants allemands et danois : Kepler (1630); Tycho-Brahé (1636); Stahl (1733).

Peintres italiens : Le Guide (1642); l'Albane (1647); le Dominiquin (1648); Salvator Rosa (1673).

Peintres flamands : Rubens (1640); Vandyck (1641); le vieux **Te**niers (1649); Rembrandt (1688); le jeune Teniers (1694).

XXVII. LA FRANCE ET L'EUROPE AU XVIIIe SIÈCLE.

1. RÉGENCE DU DUC D'ORLÉANS. — TRAITÉ DE VIENNE. — 2. GUERRE DE LA SUCCESSION D'AUTRICHE. — FRÉDÉRIC II ET MARIE-THÉRÈSE. — PAIX D'AIX-LA-CHAPELLE. — 3. GUERRE DE SEPT ANS, PAIX DE 1763.

1. Régence du duc d'Orléans. — Traité de Vienne.

Le lendemain de la mort de Louis XIV, Philippe d'Orléans fit casser son testament par le parlement, et se fit proclamer régent avec un pouvoir absolu. Il rendit au parlement le droit de remontrances, diminua les impôts, proclama les maximes de Fénelon et fit imprimer le *Télémaque* à ses frais. Il ne tarda pas à se laisser gouverner par l'abbé Dubois, homme d'une immoralité profonde et d'un cynisme révoltant, qui commença une lutte d'intrigues avec l'Italien Albéroni, régnant en Espagne au nom de Philippe V. Ce dernier opposa à la triple alliance, conclue entre la France, la Hollande et l'Angleterre, des négociations avec la Turquie, la Russie et la Suède, la conquête de la Sicile et de la Sardaigne, qui amenèrent la conclusion de la quadruple alliance (1717-1718). Albéroni tourna dès lors toutes ses intrigues vers la France, où le parti espagnol se grossit des mécontents que faisait l'administration du régent. Pour tirer le royaume de sa désastreuse position financière, le régent avait eu recours à une refonte des monnaies, à une révision de tous les billets royaux, à l'établissement d'une chambre ardente pour la spoliation des traitants (1715-1717). Mais toutes ces mesures n'avaient fait qu'augmenter le mal. L'Écossais Law séduisit le régent par un système nouveau de finances, et obtint pour vingt-cinq ans le privilége exclusif d'une banque et d'une compagnie de commerce dont les opérations prirent rapidement une grande extension ; elles servirent de prétexte à une lutte entre le parlement et le régent, qui, dans un lit de justice (26 août 1718), réduisit les princes légitimés au rang de leur pairie, et ôta au parlement le droit de remontrances en matières politiques. La guerre avec l'Espagne était devenue inévitable par suite de la quadruple alliance. Dubois profita habilement, pour décider l'opinion publique en faveur de cette guerre, des complots que le prince de Cellamare, ambassadeur d'Espagne, avait formés avec le parti des princes légitimés pour enlever la régence au duc d'Orléans. Philippe V, voyant ses troupes chassées de la Sicile par les impériaux et plusieurs de ses places emportées par l'armée française, signa l'arrêt d'exil d'Albéroni, et donna son adhésion à la quadruple alliance (1718-1720).

La banque de Law était devenue bientôt le dépôt de toutes les fortunes, et les bénéfices produits par le trafic de ses actions avaient transformé la nation en une bande d'agioteurs. Cette fermentation scandaleuse produisit quelques heureux résultats, et donna une nouvelle impulsion à l'industrie et au commerce : mais aussitôt qu'elle se calma, le système fut ébranlé dans sa base, et toutes les lois violentes que l'on imagina pour le soutenir ne firent que hâter sa ruine. Après un nouveau visa et la spoliation des plus riches agioteurs, l'État se trouva en définitive plus endetté qu'à la mort de Louis XIV (1718-1721). En même temps la peste, apportée d'Égypte à Marseille, exerçait d'affreux ravages dans cette ville, à Toulon, à Aix et à Arles ; les disputes théologiques continuaient au sujet de la bulle *Unigenitus,* et les honnêtes gens voyaient avec indignation ce misérable Dubois, souillé de tous les vices, se faire sacrer archevêque de Cambrai, et obtenir, à force d'intrigues et d'argent, le chapeau de cardinal (1720-1722). Il mourut l'année suivante, et le régent le suivit de près.

Le duc de Bourbon fut nommé ministre (1723) sur la proposition de Fleury, précepteur du jeune roi, et le ministre et l'État furent gouvernés par l'infâme marquise de Prye. Du milieu des scandaleuses fêtes de Chantilly sortirent des lois insensées sur la monnaie, contre le vol, la mendicité et les calvinistes. Pour diminuer l'influence de la maison d'Orléans et augmenter son propre crédit, le duc de Bourbon renvoya l'infante d'Espagne et fit épouser à Louis XV la fille du roi détrôné de Pologne, Stanislas Leczinski. Il essaya ensuite d'éloigner du conseil Fleury, dont le crédit lui faisait ombrage, et précipita lui-même une révolution en faveur de ce rival. Bourbon fut exilé à Chantilly, et toute la cour reçut l'ordre formel d'obéir à l'évêque de Fréjus (1726).

Le nouveau ministre diminua les impôts, introduisit dans le gouvernement une rigoureuse économie, réconcilia la France avec l'Espagne, et résolut de la maintenir à tout prix en paix avec l'Europe. La paix était toujours troublée au dedans par les malheureuses querelles entre les jansénistes et les molinistes. Les premiers donnèrent un spectacle étrange dans le cimetière Saint-Médard, où les malades accouraient en foule pour être guéris miraculeusement, après de douloureuses convulsions, sur le tombeau du diacre janséniste Pâris, préconisé comme un saint parce qu'il avait montré un zèle ardent contre la bulle *Unigenitus* (1727-1732).

La mort d'Auguste Ier, roi de Pologne, rompit la paix de l'Europe (1733). Stanislas, proclamé par un parti, se vit bientôt assiégé dans Dantzick par une armée russe, qui avait fait reconnaître Frédéric-

Auguste, fils du dernier roi. Il n'obtint de la France que le secours inutile de quinze cents hommes, et échappa à ses ennemis à travers mille périls. La France s'allia contre l'empire avec l'Espagne et la Savoie ; les deux armées qu'elle fit marcher sur le Rhin et au delà des Alpes s'emparèrent du fort de Kelh et de Philipsbourg, de la ville et du château de Milan, gagnèrent les batailles de Parme et de Guas-talle, et aidèrent don Carlos à s'emparer de Naples et de la Sicile (1735). L'empereur Charles VI entama aussitôt des négociations qui amenèrent le traité de Vienne, signé seulement en 1738, et auquel l'Espagne n'accéda que l'année suivante. Par ce traité, Stanislas renonçait au royaume de Pologne dont il conserverait le titre sa vie durant, et recevait en échange les duchés de Lorraine et de Bar, reversibles, en pleine souveraineté, à la France après sa mort. Le duc de Lorraine, François-Étienne, était dédommagé par la possession du grand-duché de Toscane. Don Carlos abandonnait Parme et Plaisance, et obtenait de l'empereur la cession de Naples, de la Sicile et des ports de Toscane. Le pays de Tortone et de Novarre était adjugé au roi de Sardaigne. L'empereur rentrait en possession des duchés de Milan et de Mantoue, et la France acceptait sa *pragmatique,* par laquelle il laissait à sa fille aînée ses États héréditaires.

2. Guerre de la succession d'Autriche. — Frédéric II et Marie Thérèse. — Paix d'Aix la Chapelle.

A la mort de Charles VI (1740), sa succession, qu'il avait cru bien assurer à sa fille aînée Marie-Thérèse, reine de Hongrie, fut disputée à cette princesse par de nombreux prétendants. L'électeur de Bavière, le principal d'entre eux, eut bientôt pour alliés les rois de France, d'Espagne, de Sardaigne et de Prusse, auxquels l'héritière légitime n'eut à opposer que le roi d'Angleterre. Le plus actif des ennemis de Marie-Thérèse fut le roi de Prusse Frédéric II. Tandis qu'il remportait les deux victoires de Molwitz et de Czaslau et faisait la conquête de la Silésie, de la Moravie et d'une partie de la Bohême, l'électeur de Bavière, soutenu d'une armée auxiliaire française, s'empara de la haute Autriche, alla faire la conquête de Prague, se fit couronner roi de Bohême et élire empereur sous le nom de Charles VII. Dans un danger si imminent, Marie-Thérèse montra un courage au-dessus de son âge et de son sexe. Le roi de Sardaigne venait de se déclarer pour elle. Animant en sa faveur l'enthousiasme des Hongrois, elle reprit l'Autriche, envahit la Bavière, et força les Français, assiégés dans Prague, et battus bientôt après à Dettingen, d'évacuer l'Allemagne (1741-1743). Le cardinal de Fleury mourut la même année, après avoir prodigué inutilement les trésors de la France dans une guerre entreprise malgré lui. La duchesse de Châteauroux gouverna à sa place. La guerre continua, quoique l'objet primitif eût disparu. Louis XV, qui s'était rendu à l'armée, étant tombé malade à Metz, se laissa arracher l'ordre de renvoyer la favorite, et ne revint à la santé, au milieu des transports du peuple, qui l'appelait le *Bien-Aimé,* que pour exiler ses conseillers de morale et rappeler la duchesse. La mort de Charles VII, dont le fils, Maximilien–Joseph, traita avec Marie–Thérèse, avait offert inutilement aux parties belligérantes une nouvelle occasion de terminer la guerre. Le maréchal de Saxe, qui venait de faire en Flandre deux habiles campagnes, remporta sur les armées hollandaise et anglaise la bataille de Fontenoy (1745), suivie de la conquête de la Flandre ; tandis que le maréchal de Maillebois s'emparait de toute l'Italie autrichienne. Mais l'armée d'Allemagne ne put empêcher l'élection à Francfort du grand-duc, époux de Marie-Thérèse ; et le roi de Prusse, après les victoires de Friedberg et de Dresde, rentra dans sa neutralité. Le prince Charles-Édouard était allé faire trembler un moment sur son trône le roi d'Angleterre, et s'était réfugié en France, après avoir souffert des maux inouïs. Tandis que les succès et les revers étaient balancés en Italie et dans l'Inde, le maréchal de Saxe remporta en Flandre la victoire de Rocoux, suivie bientôt de celle de Lawfelt, qui ouvrit aux troupes françaises le chemin de la Hollande (1746-1747).

La paix, vivement désirée par le roi de France, fut signée à Aix-la-Chapelle entre les puissances belligérantes (1748). Louis XV abandonna toutes ses conquêtes, interdit le sol de la France au prince Charles-Édouard, et n'obtint pour tous ces sacrifices que l'insignifiant établissement d'une branche de la maison de Bourbon dans le duché de Parme.

3. Guerre de sept ans, paix de 1763.

Une lâche violation du droit des gens de la part de l'Angleterre, et les prévenances de Marie-Thérèse envers madame de Pompadour précipitèrent la France dans une alliance impolitique avec l'Autriche et dans la désastreuse guerre de sept ans, qui s'ouvrit par la victoire navale de Minorque et la prise de Port-Mahon (1756). Maître de la Bohême, battu ensuite à Kœllin, et privé de ses seuls alliés, les Anglais et les Hanovriens, qui, vaincus à Hastenbeck, ont capitulé à Closterseven, le roi de Prusse ramène la fortune par les victoires de Rosbach et de Lissa. Vaincus encore à Crevelt et à Minden, les Français, grâce à la puissante diversion des Russes, relèvent un peu la gloire de leurs armes par la victoire de Corback, et surtout à la journée de Clostercamp, immortalisée par le généreux dévouement du chevalier d'Assas (1756-1760). Les désastres maritimes surpassaient encore les revers sur le continent. La colonie du Canada, objet de tant de dépenses, était perdue, malgré les exploits du brave Montcalm, les Anglais enlevaient à la France le Sénégal en Afrique; et Lally, mal secondé dans l'Inde, était réduit à livrer Pondichéry; enfin les défaites navales du cap Saint-Vincent et des côtes de Bretagne achevaient la ruine de la marine française. Le ministre, duc de Choiseul; après avoir essayé inutilement de traiter avec les Anglais, et de ranimer l'enthousiasme de la nation, fit conclure le pacte de famille entre les différentes branches de la maison de Bourbon (1757-1760).

Au moment où le roi de Prusse allait être accablé, il fut sauvé par l'avénement de Pierre III au trône de Russie, son admirateur passionné; et, après quelques événements de peu d'importance, la paix fut signée à Paris (1763) entre la France, l'Angleterre, l'Espagne et le Portugal. La France abandonnait à l'Angleterre l'Acadie, le Canada et ses dépendances, l'île du cap Breton, ses établissements du Sénégal, l'île de Minorque. Les possessions anglaises et françaises sur les côtes de Coromandel, de Malabar, du Bengale et dans toutes les Indes orientales devaient être remises à ceux qui les possédaient avant la guerre. En même temps, le traité d'Hubertsbourg, signé entre Marie-Thérèse, l'électeur de Saxe et le roi de Prusse, rétablissait toutes choses sur le même pied qu'avant la guerre. Cette guerre avait accru prodigieusement la puissance maritime de l'Angleterre aux dépens de la France et de l'Espagne; et on n'espéra plus la troubler dans l'empire des mers.

XXVIII. ÉTATS DU NORD.

CHARLES XII ET PIERRE LE GRAND. — CATHERINE II.

Avec le règne de Pierre le Grand et de Charles XII commence la plus grande époque de l'histoire des peuples du Nord. Jusque-là on avait vu que de grandes forces pouvaient être déployées dans ces vastes contrées; mais nul souverain n'avait encore entrepris d'en régler l'emploi, et de leur donner une utile direction. Il s'agissait donc de déterminer d'abord les relations réciproques de ces divers États, et de commencer une ère nouvelle pour les peuples qui les occupaient, en introduisant chez eux la civilisation européenne.

Pierre, parvenu à l'âge de dix-sept ans, se saisit des rênes du gouvernement, en dépouillant sa sœur Sophie, qu'il relégua dans un couvent (1689). Doué d'un génie supérieur, il s'érigea en réformateur de son empire. Animé par le Génevois Lefort, il cassa la milice séditieuse des strélitz, reconstitua l'état militaire sur le modèle des autres puis-

sances continentales, créa la première marine russe, améliora les finances, encouragea le commerce et les manufactures, réforma les lois,
et s'appliqua à polir et adoucir les mœurs de sa nation, en introduisant dans ses États les lettres et les arts. Engagé dans une guerre avec
la Porte, comme allié de la Pologne, il s'ouvrit la mer Noire par la
conquête d'Azow. Il entreprit successivement deux voyages dans les
pays étrangers, pour examiner et étudier par lui-même les mœurs,
les arts et les sciences, et engagea à son service des gens à talents
et des artisans de toutes les classes, qu'il distribua dans ses vastes États.

Pierre voulait étendre les frontières de la Russie jusqu'à la Baltique,
et devait pour cela posséder la Suède; le roi de Pologne, Auguste II,
électeur de Saxe, voulait s'emparer de la Livonie; et le roi de Danemark, Frédéric IV, songeait à faire valoir ses prétentions sur le Holstein. Ces trois souverains se liguèrent ensemble contre le roi de Suède,
Charles XII, parvenu au trône à l'âge de quinze ans (1697), et la guerre
du Nord commença.

Charles XII, pris au dépourvu, commença cette carrière de victoires qui a immortalisé son nom. Il imposa au roi de Danemark, qui
avait envahi le Holstein, la paix de Travendal (18 août 1700), battit
les Russes à Narva (30 novembre 1700), et, poursuivant Auguste II
en Pologne et en Saxe, le battit en plusieurs rencontres (1704-1706),
et lui imposa le traité d'Altranstadt (24 septembre 1706), par lequel il
renonçait à la couronne, et reconnaissait pour roi de Pologne Stanislas Leczinski, l'élu de Charles XII. Pendant ce temps, le czar avait
battu les corps d'armée suédois laissés dans la Livonie (1704-1702),
établi sa puissance sur la Baltique, conquis l'Ingrie et la Carélie, jeté
dans une île de la Néva les fondements de sa nouvelle capitale, Saint-
Pétersbourg (1703), et pris possession de la Livonie (1704). Charles XII
se tourna enfin contre son puissant adversaire; mais, séduit par les
promesses de l'hetman des Cosaques Mazeppa, il s'enfonça dans les
déserts de l'Ukraine, et fut battu par le czar à Pultava (8 juillet 1709).
Cette bataille assura la grandeur de la Russie et la chute de la Suède.
L'électeur de Saxe rentra dans Varsovie, et fut reconnu de nouveau
roi de Pologne; le roi de Danemark fit une invasion dans la Scanie.
Charles, réfugié à Bender, en Turquie, réussit, à force de persévérance, à faire déclarer la guerre aux Russes par le divan (1710).
Mais au moment où le czar, enfermé avec toute son armée dans la
Moldavie, semblait perdu sans ressource, l'habileté de son épouse,
Catherine, et l'avidité du grand visir amenèrent le traité du Pruth
(24 juillet 1711), qui porta le dernier coup à la fortune de Charles XII. Alors ce fut à qui s'emparerait de quelque dépouille du
vaincu; et lorsque le roi de Suède reparut tout à coup (22 novem-

bre 1714), il ne lui restait plus de tout ce qu'il avait possédé hors de son royaume que la ville de Stralsund, et le nombre de ses ennemis s'était augmenté par l'accession de la Prusse et du Hanovre à la confédération générale. Bientôt Stralsund même fut obligé de se rendre (12 décembre 1715). Alors le baron de Goertz, principal ministre du roi de Suède, négocia avec Albéroni et le prétendant contre l'Angleterre, et amena bientôt une négociation secrète entre la Suède et la Russie (1718) : mais Charles XII périt dans la tranchée de Friderickshall (11 décembre 1718). Le baron de Goertz fut décapité deux mois après, et la Suède, rompant toutes les négociations avec la Russie, s'allia avec l'Angleterre, et conclut, sous sa médiation, des traités chèrement achetés avec le Hanovre (1719), la Prusse, le Danemark et la Pologne (1720). La guerre de dévastation entreprise par le czar (1720) sur les côtes de Finlande força la Suède à signer le traité de Nystadt (10 septembre 1721), par lequel elle céda à la Russie la Livonie, l'Estonie, l'Ingrie, la Carélie, et toutes les îles depuis la frontière de Courlande jusqu'à Wiborg.

Pierre ayant achevé l'œuvre entreprise depuis vingt ans, put recevoir du sénat les titres de *grand, de père de la patrie, d'empereur de toutes les Russies*, et se couronner lui-même dans sa nouvelle capitale. Les dernières années de la vie du czar furent employées assez inutilement à de longues guerres contre la Perse. Il mourut en 1725, et eut pour successeur son épouse, Catherine Ire. Il avait, en 1718, condamné à mort son fils Alexis; qui blâmait toutes ses réformes, et cabalait avec les ennemis du nouvel ordre de choses.

La Suède, pauvre et dépouillée, était encore réservée à des maux plus grands que ceux que lui avait causés une longue guerre. L'aristocratie s'empara de toute l'autorité; le trône devint électif; la diète exerça le pouvoir souverain, et le roi ne conserva que son titre et une vaine représentation.

La Pologne était désolée par les dissensions religieuses que Charles XII avait excitées pendant son séjour dans ce pays, et qui survécurent à tous les traités. Les dissidents se virent contraints, par les persécutions qu'ils essuyèrent, à se constituer en parti politique.

Après la mort de Pierre le Grand et sous le règne de Catherine Ire et de Pierre II, on s'occupa peu en Russie de la politique extérieure et des affaires de l'Europe; les Menzikoff et les Dolgorouki, qui gouvernèrent successivement l'empire, bornèrent tous leurs soins à satisfaire leur ambition et celle de leur famille. Le règne d'Anne (1730-1740), nièce de Pierre le Grand, fut signalé par des changements considérables dans la situation et dans la politique extérieures de la Russie. Profitant de l'éloignement que les États de Courlande manifestaient pour leur réunion à la Pologne, dont relevait leur duché, l'impératrice y établit son ministre Biren. Le roi de Pologne, Auguste II, étant mort (1733), la nation, sous la protection de la France, nomma pour la seconde fois Stanislas Leczinski. Mais Auguste de Saxe attira dans son parti la Russie, en assurant à Biren la possession tranquille du duché de Courlande, et une armée russe, envoyée en Pologne, décida en faveur d'Auguste III. L'occupation que les Persans donnaient alors aux armes turques parut une occasion favorable pour reprendre les projets de conquête du czar. Le maréchal Munich prit la forteresse d'Azow (1736), Ocsacow (1737), gagna la bataille de Stavutschane (1739), et s'empara de toute la Moldavie. Mais l'Autriche ayant pris part à la guerre, en vertu du traité conclu avec Catherine (1726), les Turcs profitèrent habilement de la mésintelligence qui s'établit entre les alliés. L'Autriche vaincue conclut le traité honteux de Belgrade, et la Russie abandonna ses conquêtes.

La Pologne, sous le règne d'Auguste III et le ministère du comte de Bruhl, était livrée à une anarchie qui préparait sa dissolution. Incapable de se protéger lui-même, il semblait que ce pays dût trouver, du moins, les garanties de sa conservation dans l'intérêt que la France et la Turquie devaient y prendre; mais on eût dit que rien ne pouvait détourner de ce malheureux royaume la ruine qui le menaçait.

La Suède, sous le règne de Frédéric de Hesse, mort en 1751, et plus encore sous celui de son successeur, Frédéric-Adolphe, fut gouvernée par l'aristocratie beaucoup plus que par son monarque. Les diverses factions de la noblesse, toutes également pauvres, toutes également ambitieuses, s'arrachaient successivement le pouvoir et trahissaient tour à tour leur patrie. Les partis de Gyllenborg et de Horn, qui s'appelaient dans le pays les partis des *chapeaux* et des *bonnets,* et qui prétendaient avoir pour principal objet, le premier de faire la guerre, le second de maintenir la paix, n'étaient dans la réalité que les partis français et russe. Le parti de Gyllenborg l'ayant emporté, la guerre fut déclarée à la Russie (1741). L'armée suédoise fut battue à Willemstrand; l'année suivante (1742), la Suède perdit toute la Finlande, et les généraux Lewenhaupt et Buddenbrock furent condamnés et exécutés. Le traité d'Abo (1743) fixa le Kimen pour limite des deux États, et le prince Adolphe-Frédéric de Holstein Gottorp fut reconnu héritier présomptif de la couronne de Suède.

L'impératrice Anne était morte en 1740, et après le règne court et orageux du jeune Iwan V (1740-1741), Élisabeth, fille cadette de Pierre le Grand, était parvenue au trône par une révolution. L'expulsion des étrangers fut le premier acte de son règne, et sous la misérable administration des deux favoris, Lestoc et Bestuchef, le gouver-

nement fut l'objet constant du mépris des étrangers et de la haine des
nationaux. La Russie fut entraînée dans la guerre de sept ans par son
alliance avec l'Autriche et la Saxe contre la Prusse. Ses armées, encore inconnues dans l'Europe occidentale, commencèrent à y acquérir quelque réputation. Cependant cette guerre contre la Prusse avait
excité de tels dissentiments à la cour de Russie, qu'une révolution y était imminente lorsque Élisabeth mourut (janvier 1762). Le
duc de Holstein, qu'elle avait désigné pour son successeur, monta sur
le trône sous le nom de Pierre III, et les relations politiques de la Russie changèrent entièrement. Admirateur enthousiaste de Frédéric,
Pierre III conclut aussitôt une alliance avec lui. Irrité contre le Danemark, qui, dans la longue guerre du Nord, s'était emparé du Sles-
wig, il voulut suivre ses projets de vengeance contre ce royaume ;
mais, après six mois de règne, il fut précipité du trône et mis à mort
par son épouse, qui lui succéda sous le nom de Catherine II, et dont
le règne devait créer une ère nouvelle pour la Russie.

Après avoir imposé à la Pologne un souverain de son choix, Stanislas Poniatowski, prince faible, qu'elle espérait diriger à son gré,
Catherine II parut quelque temps occupée de vaines tentatives de législation. Bientôt elle montra à découvert son projet d'asservir les
puissances du Nord, et la France, pour arrêter son ambition, décida
la Porte à lui déclarer la guerre (1768). Les Turcs furent battus sur le
Dniester et sur le Pruth, et la forteresse de Bender emportée d'assaut. Une flotte russe battit la flotte turque dans le canal qui sépare
l'île de Scio de la Natolie, et l'incendia dans la baie de Tchesmé. Par
la paix de Kaynardgi (1774), la Russie garda les villes d'Azow, de
Taganrok, de Kinburn, avec la langue de terre entre le Bog et le Dnié-
per, sur laquelle fut bâtie la ville de Kerson, obtint la libre navigation
de la mer Noire et l'indépendance de la Crimée. Ce fut au milieu
même de cette guerre que Catherine signa avec les cours de Berlin et
de Vienne (1772) le fameux traité de partage de la Pologne. La Russie forma de son lot les gouvernements de Polotsk et de Mohilow, et se
réserva l'influence exclusive sur ce qui restait encore de la Pologne.
En 1780, l'impératrice prit l'initiative de la confédération des puissances du Nord, connue sous le nom de *neutralité armée*, et dont le
but était de protéger les navires marchands de ces puissances contre
les vexations de la marine anglaise. Les Turcs recommencèrent la
guerre en 1787, effrayés de la réunion de la Crimée à l'empire russe,
du voyage de l'impératrice à Kerson, de l'extension du commerce
russe dans la mer Noire, et sollicités d'ailleurs par les cours d'Angleterre et de Berlin : ils ne furent pas plus heureux que dans la première
guerre. Potemkin emporta d'assaut la forteresse d'Oczakow, et Sou-

varow , après la brillante victoire du Rimnik, s'empara d'Ismaïlow, où périrent plus de trente mille Ottomans. Par le traité d'Yassi (1792), la Russie garda Oczakow et tout le pays situé entre le Bog et le Dniester. Ce fut après ce traité, qui donnait un nouvel essor au commerce russe dans la mer Noire, que l'impératrice fonda la ville et le port d'Odessa. Pendant que les armées russes étaient occupées contre les Turcs, le roi de Suède, Gustave III, avait déclaré la guerre à la Russie, et menacé un moment Saint-Pétersbourg. Mais après deux ans d'une guerre dont les succès furent balancés, on conclut le traité de Werela (1790), qui ne changea rien aux limites des deux États. L'année même de la conclusion du traité d'Yassi (1792), la Pologne tout entière, définitivement partagée entre la Russie, la Prusse et l'Autriche, perdit jusqu'à son nom. En 1794, les Polonais tentèrent un dernier effort pour recouvrer leur indépendance sous les ordres du général Kosciuszko, qu'ils avaient nommé dictateur. Mais la défaite et la captivité de Kosciuszko, le massacre de Praga, faubourg de Varsovie, par les Russes, et la ruine entière de plusieurs provinces amenèrent la soumission définitive et complète de la malheureuse Pologne. La Russie obtint pour elle la Courlande, la Samogitie, la Semigalle et le cercle de Pilten. L'impératrice venait de commencer la guerre contre la Perse, lorsqu'elle mourut d'une attaque d'apoplexie (1796). Aucun de ses prédécesseurs n'avait encore influé autant qu'elle sur les affaires du reste de l'Europe. Plusieurs écrivains lui ont attribué le projet d'exercer sa dictature sur toute l'Europe. On ne saurait méconnaître que ses vues politiques s'étendaient sur tous les États européens; mais il est également certain qu'elle dut ou sut restreindre ses tentatives en ce genre dans le cercle où il lui était possible d'atteindre et d'agir avec efficacité. Ses voisins, les puissances du Nord et la Porte furent les principaux objets de ses spéculations. Des haines, des passions particulières l'ont entraînée quelquefois. La grande réputation de cette princesse n'est pas en tout point fondée; et cependant on ne saurait contester qu'elle a considérablement augmenté la gloire et la force de son empire.

XXXVIII.

ÉTAT DE L'EUROPE A L'AVÉNEMENT DE LOUIS XVI. — GUERRE DE L'INDÉPENDANCE DES ÉTATS-UNIS D'AMÉRIQUE. — CONVOCATION DES ÉTATS GÉNÉRAUX DE 1789

Espagne.

En Espagne, la conduite politique du gouvernement changeait toujours au commencement d'un règne nouveau. Ferdinand IV, monté sur le trône en 1746, Charles III, qui succéda à son frère en 1759, suivirent chacun des impulsions diverses; mais ces variations, restreintes dans le cercle de la politique extérieure, n'amenèrent aucun changement notable dans le gouvernement intérieur. Le règne de Charles III fut signalé par le ministère de plusieurs hommes éclairés : le marquis d'Aranda, Campomanès, Florida Blanca, firent successivement plusieurs règlements utiles à la métropole et à l'administration des colonies; mais leur influence ne put s'exercer sur la masse de la nation, qui demeura fidèle à son caractère indolent et à ses vieilles habitudes.

Portugal.

Après la mort de Jean V, son fils Joseph Emmanuel était monté sur le trône (1750), et avait remis la conduite des affaires au comte d'Oeyras Carvalho, marquis de Pombal. Industrie, commerce, état militaire, éducation publique, toutes les institutions furent soumises à l'humeur innovatrice du premier ministre. Tout ce qui se rencontra sur son chemin, jésuites et noblesse, fut brisé sans ménagement; et cependant une administration de vingt-sept années fut insuffisante pour élever le Portugal à l'état de prospérité et de civilisation que son ministre avait observé chez plusieurs autres puissances. Après sa mort, tous ses travaux furent successivement détruits, et il ne resta plus aucune trace de ses nombreuses réformes : le Portugal redevint plus faible et plus arriéré que jamais.

Italie.

« Dans la première moitié du XVIIIe siècle, comme dans la première moitié du XVIe, les Français, les Espagnols et les Allemands s'étaient disputé l'Italie; mais les guerres du XVIe siècle avaient changé les principaux États italiens en provinces de monarchies étrangères, celles du XVIIIe leur rendirent des souverains nationaux. La Toscane jouit d'une administration bienfaisante sous les princes de la maison de Lorraine, et les Deux-Siciles reprirent quelque vie sous les princes de la maison de Bourbon. » (M. Michelet, *Précis d'Histoire moderne*, p. 288.)

Empire.

La conquête de la Silésie par la Prusse avait rompu les liens qui avaient si longtemps uni les maisons d'Autriche et de Brandebourg; Frédéric, en se constituant l'adversaire de ses anciens alliés, détruisit par le fait l'unité de l'empire germanique. Cependant l'alliance de l'Autriche avec la France, et l'intérêt du roi de Prusse, qui le força de maintenir, autant qu'il était en son pouvoir, la constitution de l'empire, dont l'anéantissement n'eût pu que tourner au profit de l'Autriche, procurèrent à l'Allemagne une paix de plus de trente ans. Durant cet intervalle, la civilisation allemande fit les progrès les plus rapides ; les lettres et surtout les sciences furent cultivées avec ardeur. Mais tandis que les progrès de la langue et de la littérature tendaient à faire du corps germanique une nation plus unie et plus homogène, les liens politiques, seuls capables de compléter cette œuvre, se relâchaient chaque jour davantage.

Provinces-Unies.

La république des Provinces-Unies, jouissant d'une prospérité apparente, était travaillée de maux intérieurs et toujours sur le point de découvrir le secret de sa faiblesse. La guerre qu'elle eut à soutenir contre l'Angleterre en 1781 signala son impuissance et lui enleva à la fois et son existence politique et ce qui lui restait de force comme puissance commerçante. Dès ce moment elle se trouva livrée sans défense à la fureur des factions, et devait bientôt succomber dans cette lutte.

Angleterre.

Les succès qui accompagnèrent des guerres longues et sanglantes, joints aux progrès rapides de la prospérité nationale, eurent pour résultat immédiat l'accroissement de l'influence de la couronne dans le parlement. La nécessité de conserver le crédit du gouvernement devint en même temps une des plus fortes garanties pour l'affermissement de la constitution. L'existence de la constitution se trouvant intimement liée au crédit du gouvernement et à la prospérité nationale, l'État acquit de plus en plus une force et une consistance réelles. Les progrès de la richesse publique paraissaient d'autant mieux garantis en Angleterre, que chaque jour ils tendaient à s'établir sur le perfectionnement de l'agriculture, de l'industrie et du commerce intérieur plus encore que sur les chances des spéculations lointaines.

Guerre de l'indépendance des États-Unis d'Amérique.

L'Angleterre, abîmée de dettes, après la paix de 1763, voulut en faire acquitter une partie par ses colonies d'Amérique, qui, accoutumées à se taxer elles-mêmes, et à voir consommer sur leur sol les dépenses de leur administration, résistèrent à ces nouvelles prétentions de la métropole. La lutte commença à l'occasion d'un droit considérable mis par le parlement d'Angleterre sur le thé, dont il se faisait une grande consommation dans les colonies. Les colons répondirent au blocus de Boston par le congrès de Philadelphie (1774), dans lequel fut rédigée et acceptée la célèbre *déclaration des droits*.

George Washington, proclamé généralissime des milices nationales, les enflamma d'enthousiasme par la prise de Boston; et bientôt cinquante et un députés, réunis à Philadelphie (4 juillet 1776), décrétèrent l'acte de confédération qui déclarait libres et indépendantes, sous le titre d'États-Unis d'Amérique, les treize colonies de Massachusets, New-Hampshire, Rhode-Island, Connecticut, New-York, New-Jersey, Pensylvanie, Delaware, Maryland, Virginie, Caroline du nord, Caroline du sud et Georgie. Après une alternative de succès et de revers, la victoire de Brandy-Wine (11 septembre 1777), la capitulation à Saragota du général anglais Burgoyne, qui se rendit prisonnier avec six mille hommes, le traité conclu avec la France (1778), qui envoya une escadre de douze vaisseaux sous les ordres de l'amiral d'Estaing, et l'accession de l'Espagne (1779) à la ligue formée contre l'Angleterre, servirent puissamment la cause des Américains, un moment compromise par la trahison du major général Arnold. Les Anglais résistèrent pendant près de deux ans. Enfin Cornwallis capitula (19 octobre 1781), après avoir vu ses retranchements à Yorktown, en Virginie, tomber sous les feux de l'armée combinée des Américains, commandée par Washington, et des Français, sous les ordres du marquis de La Fayette et du baron de Vioménil, protégée par la flotte que commandait le comte de Grasse dans la baie de Chesapeak. L'Angleterre, ayant perdu tout espoir d'asservir ses colonies, les reconnut comme États libres, souverains et indépendants, et le traité définitif en fut conclu le 3 septembre 1783. La guerre terminée, le congrès proposa une nouvelle constitution, qui fut acceptée par les délégués des États, assemblés à Philadelphie (17 septembre 1787).

France. — Convocation des états généraux en 1789.

En France se développaient successivement tous les symptômes qui caractérisent les gouvernements faibles. Lorsque les parlements, que leur tendance poussait à la tête de l'opposition, succombèrent, vaincus après une longue lutte, leur défaite ne tourna pas au profit du gouvernement et fut considérée comme un abus de la force et un acte de despotisme. L'alliance de la France avec l'Autriche, resserrée encore par le mariage du Dauphin avec l'archiduchesse Marie-Antoinette (1770), contribua aussi à répandre le mécontentement en blessant l'orgueil national, qui repoussait une association contraire aux véritables intérêts du pays. Les finances étaient dans un désordre absolu. L'administration de Turgot et de Necker prouva jusqu'à l'évidence que l'ordre et l'économie étaient des remèdes insuffisants. Le mal était plus profond et ne pouvait être guéri que par l'abolition des priviléges. Mais les privilégiés résistaient de toutes leurs forces. Après l'administration désastreuse de Calonne et de Brienne, qui ne fit qu'aggraver le mal, le parlement réclama, comme le seul remède, et obtint la convocation des états généraux, c'est-à-dire sa propre ruine et celle de la monarchie (5 mai 1789).

XXX.

ÉTAT DES LETTRES EN FRANCE AU XVIIIe SIÈCLE.

Aussi célèbre que le siècle qui le précède, le XVIIIe ne présente ni la même élévation, ni la même perfection ; mais un nouveau mouvement s'y aperçoit. Généralement fidèle aux traditions littéraires du siècle précédent, il s'en distingue essentiellement par un retour d'examen amer et moqueur sur le passé, soit sous la plaisanterie légère et facile de Voltaire, soit sous les attaques plus réfléchies et plus consciencieuses de Rousseau. Une grande entreprise littéraire, l'*Encyclopédie*, un grand nombre d'hommes d'un talent secondaire, mais d'une portée d'esprit remarquable, caractérisent cette époque. La religion a été remplacée par la philosophie, qui, à son tour, domine tout : tout se teint de ses couleurs, tout en proclame l'empire ou en subit le joug.

Diverses parties des mathématiques et des sciences naturelles prirent des formes entièrement nouvelles. La connaissance des antiquités classiques devint une branche d'érudition, et donna lieu à des recherches savantes et multipliées. La géométrie, l'astronomie, les arts mécaniques, la navigation, furent perfectionnés à l'envi dans les différentes académies européennes. La physique apprit à deviner plusieurs lois et forces de la nature dont les anciens ne s'étaient pas doutés. La chimie sortit des rangs d'un art obscur pour prendre rang parmi les sciences. L'histoire naturelle, enrichie par les découvertes des savants voyageurs, se dépouilla des fables dont elle avait fait parade jusqu'alors. L'histoire, soutenue par la géographie et la chronologie, ses appuis, devint une branche de la philosophie.

Poëme épique : Voltaire (mort en 1778).

Tragédie : Lagrange–Chancel (1758) ; Crébillon (1762) ; Voltaire ; Saurin (1781) ; Lefranc de Pompignan (1784) ; Lemierre (1793) ; La Harpe (1803) ; Ducis (1817).

Comédie : Dufrény (1724) ; Lesage (1747) ; Destouches (1754) ; Marivaux (1763) ; Piron (1773) ; Gresset (1777).

Drame : La Chaussée (1754) ; Voltaire ; Beaumarchais (1799).

Poésie lyrique : Lefranc de Pompignan (1784) ; Lebrun (1808).

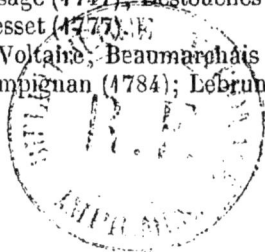

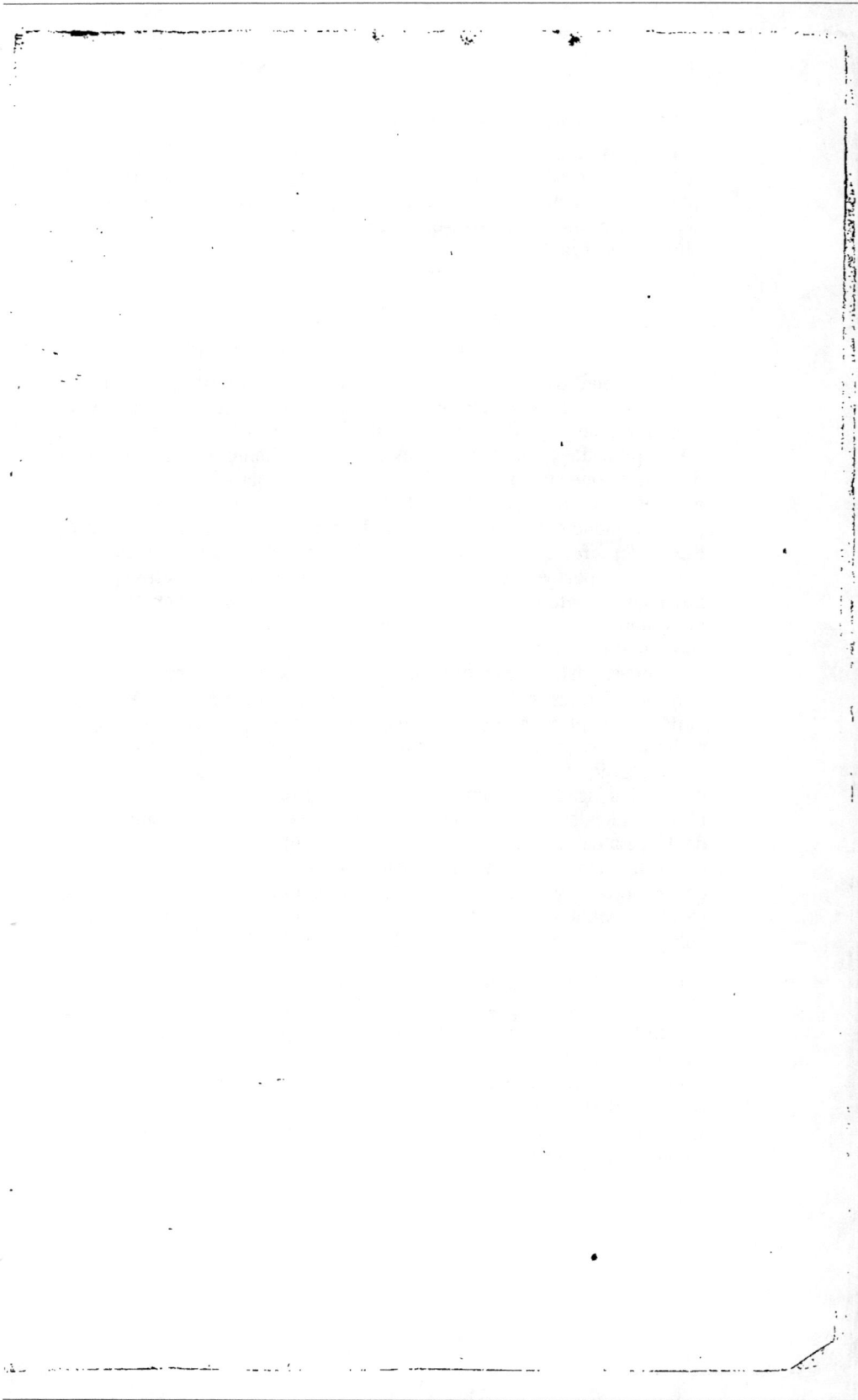

LES AUTEURS GRECS ET LATINS DU BACCALAURÉAT ÈS LETTRES

expliqués d'après une méthode nouvelle

par deux traductions françaises, l'une littérale et juxtalinéaire, présentant le mot à mot français en regard des mots grecs ou latins correspondants, l'autre correcte et précédée du texte grec ou latin, avec des sommaires et des notes en français, par une société de professeurs, d'hellénistes et de latinistes; format in-12.

Auteurs grecs.

HOMÈRE : Le premier chant de l'Iliade; par M. C. Leprévost, professeur au Lycée Bonaparte. Prix............ 1 fr. 25 c.
— Le premier chant de l'Odyssée; par M. Sommer, agrégé des classes supérieures, docteur ès lettres. Prix........ 90 c.

SOPHOCLE : OEdipe roi, par M. Sommer et M. Bellaguet, ancien professeur de rhétorique, chef d'institution à Paris. Prix................................ 2 fr. 50 c.

PLATON : Criton ; par M. Kastus, ancien élève de l'École normale, professeur agrégé de philosophie, docteur ès lettres. Sous presse.

DÉMOSTHÈNE : Discours sur la Couronne; par M. Sommer, ancien élève de l'École normale, agrégé des classes supérieures, docteur ès lettres. Prix.............. 5 fr.

PLUTARQUE : Vie d'Alexandre ; par M. Bétolaud, professeur au Lycée Charlemagne. Prix............ 4 fr. 25 c.
— Vie de César ; par M. Materne, professeur au Lycée de Dijon. Prix............... 3 fr. 50 c.

Auteurs latins.

VIRGILE : La première Églogue ; par MM. Sommer et Aug. Desportes. Prix........................ 30 c.
— Les quatre livres des Géorgiques ; par les mêmes... 3 fr.
— L'Énéide; par les mêmes :
    Livres I, II, III réunis en 1 volume. Prix........ 4 fr.
    Livres IV, V, VI réunis en 1 volume. Prix....... 4 fr.
    Chaque livre séparément. Prix............. 1 fr. 50 c.

HORACE : Le premier et le deuxième livre des Odes ; par les mêmes. Prix........................ 3 fr.
— Les Satires ; par les mêmes. Prix.............. 3 fr.
— Les Épîtres ; par M. E. Taillefert. Prix.......... 3 fr.
— L'Art poétique ; par le même. Prix............. 90 c.

CICÉRON : Les Catilinaires ; par M. J. Thibault. Prix.. 3 fr.
— Plaidoyer pour Milon ; par M. Sommer. Prix.. 2 fr. 50 c.
— De la Vieillesse; par M. Garet, professeur au Collège Rollin. Sous presse.
— De l'Amitié ; par M. Legouez, licencié ès lettres. Sous presse.

TACITE : Vie d'Agricola ; par M. H. Nepveu. Prix. 1 fr. 75 c.

DE L'IMPRIMERIE DE CAPELET, RUE DE VAUGIRARD, 9

www.ingramcontent.com/pod-product-compliance
Lightning Source LLC
Chambersburg PA
CBHW071801090426

42737CB00012B/1899